頭のいい説明には「型」がある

世界標準の説明力

岩澤康一
Koichi Iwasawa

もし人生を一日、幸せに過ごしたければ、この本を読んでみましょう。

もし人生を一年、幸せに過ごしたければ、説明力を身に付けましょう。

もし人生を一生、幸せに過ごしたければ、世界標準の説明力を身に付けましょう。

はじめに

言いたいことが伝わる「世界標準の説明力」

「結局、何が言いたいの？」
「要はどういうこと？」
「うーん、わかるようでわからないなぁ……。」

会議、商談、報連相、プレゼンテーション……。ビジネスの現場のコミュニケーションで、これらのセリフを言われた経験のある方は、多いのではないでしょうか？

あるいは、会議や商談、プレゼンテーションに臨む前に資料を作っていて、上手《うま》くまとまらない。事前には言いたいことがあったはずが、いざ話す段階になると、上手く言葉が出てこない。こんな悩みを持つ方も、多いのではないでしょうか？

「結局何が言いたいの？」も「言いたいことがまとまらない」も、同じ問題を指しています。受け手側が発した言葉か、伝え手側が心に浮かべた言葉かという違いはありますが、これらは「説明内容が整理されていない」という同じ問題を指摘しています。

私は、多くのコミュニケーションの基礎にあるのは、「説明」だと考えます。

説得も、交渉も、議論も、和解も、あるいは謝罪も、まずはあなたの考えを伝える「説明」から始まります。ビジネスにおける多くの活動も、たとえＡＩやＤＸが話題になる昨今にあっても、本質的には人間同士の営みである以上、説明のやりとりから始まることがほとんどです。伝わる説明ができれば、ビジネスは円滑に進むのではないでしょうか。

説明力がある方が、ビジネスを制するのです。

皆さんのまわりにも、いらっしゃいませんか？「説明上手」や、「コミュ力がある」と思われることで、上司や会社、顧客からの高い評価を得ている方々が。

そうした方たちが、なぜ「説明上手」、「コミュ力がある」と言われるのでしょうか。

思うにその方々は、頭の中で整理するのが上手なのです。

その方々は、相手がいまどういう状況にあって、どういった言葉や提案を欲しがっているのか。気持ちやニーズを把握することが得意なのではないでしょうか。それに対して自分が伝えたいこと、伝えられることはどんなメッセージで、そのメッセージにどんな情報を足して話せば、相手を説得したり、満足させたりすることができるのか。そうした状況や情報の整理が、自然とできているのではないでしょうか。

ではその、整理をして説明する力は、才能なのでしょうか。人によって向き不向きがあるのでしょうか。

もちろんこれまでの経験を通じて、意識せずにそうした力を身に付けている方もいらっしゃるとは思います。一方で、特別な経験や能力が必要なわけでもないと思います。説明力は、すぐに手に入る能力なのです。

本書は、説明内容を整理するにあたって、世界的に用いられているフレームワーク、すなわち説明の「構造」をご紹介します。

その構造は、実はとてもシンプルです。世界的に流通しているのは、シンプルだからでしょう。多くの方がすぐに理解して、使うことができます。決して難しくない練習を通じて、やがて道具を使わずに、頭の中で整理することができるようになります。また、自分が説明する側ではなく、相手の説明を受ける側に立った時にも、その構造を知っていれば、相手が言いたいことを容易に整理して理解できるようになります。

本書が提供する、「世界標準の説明力」とは、そういうことです。

この本を通じてぜひ、ビジネスを制する説明力を身に付けていただければ幸いです。

CHAPTER 2

世界標準の伝わる構造「メッセージハウス」とは？

CHAPTER 3

「メッセージハウス」を使って説明する方法

CHAPTER 6

こうすれば、あなたの説明はもっと伝わる！

CHAPTER 1

伝わる説明は「構造」が違う

「説明」に大切な要素を分解して考える

今更ですが、「説明」って何でしょうか？

ちょっと一緒にイメージしてみませんか――。


――仕事で、ある判断にいたった理由を、同僚にメールで「説明」するイメージ。

――道に迷って、先に目的地に着いている友人に、電話で状況を「説明」するイメージ。

――面接で、自分の強みを面接官に口頭で「説明」するイメージ。

――パートナーに浮気を疑われて、友人が撮影したアリバイ動画を見せて、身の潔白を「説明」するイメージ。

――和食店で、日本語がわからない方に英語で、メニューの特徴を「説明」するイメージ。

大切な要素① 「だれへ」の説明なのか

どうやら「説明」には、相手が大切そうですね。

「同僚へ」の説明。
「友人へ」の説明。
「面接官へ」の説明。
「パートナーへ」の説明。
「日本語がわからない方へ」の説明。

つまり、「**だれへ**」のということが、大切な要素になりそうです。

大切な要素② 「何を」説明するのか

あと「説明」には、説明する事柄、対象が大切そうですね。

「判断にいたった理由を」説明。
「状況を」説明。
「自分の強みを」説明。
「身の潔白を」説明。
「メニューの特徴を」説明。

つまり、「**何を**」ということが、必要な要素になりそうです。

大切な要素③ 「どういう状況で」説明するのか

また「説明」の前には、いろいろな経緯がありそうですね。

「仕事で」説明
「道に迷って」説明。
「面接で」説明。
「浮気を疑われて」説明。

「和食店で」説明。

つまり、**「どういう状況で」**ということが、関わってきそうです。

大切な要素④ 「どうやって」説明するのか

さらに「説明」には、どのような手段によるのかで、いろいろなパターンがありそうです。

「メールで」説明。
「電話で」説明。
「口頭で」説明。
「動画を見せて」説明。
「英語で」説明。

つまり、**「どうやって」**ということが、必要になりそうです。

まとめると、「説明」に必要な要素には、

「**だれへ**」

「**何を**」

「**どういう状況で**」

「**どうやって**」

が挙げられそうです。

うーん、まだ何か足りませんね――。

大切な要素⑤ 「どうして」説明するのか

――はい、そうです。

人が「説明」という行動を起こすのは、目的があるからです。

理由や動機とも言えます。

「仕事で、ある判断にいたった理由を、同僚にメールで『説明』するイメージ」の例を、振り返ってみましょう。

同僚に、ある判断にいたった理由を「説明」したいのは、例えば――、

――その判断にいたった複雑な経緯を伝えたいから。

――上司の指示をふまえていることを強調して、こちらに任せてほしいから。

――予定が合わないことを強調することで、同僚に代わりに担当してほしいから。

――チームの不和を乗り越える必要を強調して、一緒に仕事を成功させたいから。

などなど、でしょうか。こうした目的なしでは、この方は説明をしなかったでしょうし、また目的によって、説明の仕方や内容も変わってくると思います。

つまり、説明においては、「どうして」説明をするのか、説明そのものの目的が大切な要素です。

再度まとめると、「説明」には、

「だれへ」
「何を」
「どういう状況で」
「どうやって」
「どうして」

この5つが大切な要素として挙げられそうです。

では1つひとつ、もっと詳しく見ていきましょう。

「ターゲットオーディエンス」を意識する

まず、「だれへ」についてです。

「だれへ」は、「説明」の相手、受け手の方(々)のことです。

相手は一人のこともあれば、複数人、それも多数のこともあります。見知った方だけでなく、顔も名前も知らないだれかのこともあります。

人によっては動物や植物が相手となるだけでなく、最近ではＡＩに「説明」する場面も増えてきましたが、基本的には、「説明」の受け手としては、同じ人間を想定していただければ大丈夫です。

この受け手のことを、「**ターゲットオーディエンス**」と言います。

ターゲットは英語で「標的」という意味です。弓矢などの的《まと》ですね。

オーディエンスは英語で、「聴衆」という意味です。聴いてくれる方（々）ですね。

つまり、ターゲットオーディエンスとは、「標的とする聴衆」という意味です。

「説明」はコミュニケーションの１つの種類ですが、コミュニケーションでは必ず、情報の送り手と受け手がいます。

この受け手が、ターゲットオーディエンスです。

「説明」においては特に、このターゲットオーディエンスの存在を意識する必要があります。

ターゲットオーディエンスの都合、その気持ちや立場、考えなどを大切にする「説明」の方が、大切にしない時よりも、上手い「説明」になりそうではないでしょうか？

ターゲットオーディエンスという「説明」の受け手側の目的、理由、動機をふまえる方が、伝わりやすく、わかりやすい「説明」になると思います。

「目的」が説明にパワーを与える

説明に大切な要素としてさきほどは最後に登場しましたが、「だれへ」に並んで大切なことがあります。

「どうして」についてです。

「どうして」は、目的、理由、動機などとも言い換えられます。特に、「説明」の主体である伝え手側の、目的、理由、動機です。

伝え手側にとっての「どうして」という目的、理由、動機が、はっきりしていたり、切実だったりする時、「説明」はよりパワフルになります。

はっきりしていればメッセージが伝わりやすくなりますし、切実だったりすれば、メッセージは人の理性や感情に訴えるものになりやすくなります。

でも、伝え手側の都合ばかりにとらわれて、ターゲットオーディエンスを置き去りにしたような「説明」は上手くなさそうですね。

そしてまた、**受け手側の都合ばかりにとらわれて、伝え手側がいだく目的、理由、動機がぼやけていたり、薄っぺらかったりすれば、メッセージは人の頭にも心にも響かないものになると**

思います。

ですから、「どうして」は「だれへ」と並んで、「説明」というコミュニケーションには大事な要素だと思います。

「どうして」の言い換えを本書ではこれ以降、便宜上まとめて、「**目的**」と呼びますね。

「**ターゲットオーディエンス**」と「**目的**」。この2つの間を行ったり来たりすることが、よい、上手い、優れた「説明」には欠かせません。伝え手と受け手の双方の立場を何度も入れ替えてみることで、伝え手にとっても受け手にとっても、有意義な「説明」になります。

その説明には響く「メッセージ」があるか？

さて、受け手であるターゲットオーディエンスの都合と、伝え手の都合である目的に次いで登場するのが、**「何を」**にあたるものです。

間違いやすいのは、伝えるモノやコトである「何を」の大事さは、決してそのモノやコトの単純な比較や大小などでは決まらないということです。

1円よりも100円、近所の公園の砂山よりもエベレスト、地動説を唱える天文学よりも天動説と調和した神学の方がより大事、という比較はできないのです。

本章冒頭のイメージ例では、「判断にいたった理由」、「状況」、「自分の強み」、「身の潔白」、「メニューの特徴」が、「何を」の例でした。

これら同士を比べて、「メニューの特徴」よりも、「自分の強み」の方が「何を」として大事だ、とか、「自分の強み」よりも「身の潔白」の方がさらに大事で切迫した内容だ、などという比較は、「説明」にとっての「何を」の大事さには、意味も関係もない比較です。

これらの比較には大事なものが欠けています――。

伝え手や受け手が登場しないのです。

つまり、伝え手やその目的、受け手であるターゲットオーディエンスの都合には関係がないところでの、良し悪しや、大小、優劣では、「説明」にとっての「何を」の大事さは、上手く測れないということです。

「説明」にとって大事な「何を」は、あくまでも、その伝え手とその目的、その受け手であるターゲットオーディエンスの都合の双方を、上手くふまえたモノのことです。

そのモノとは、「**メッセージ**」です。

メッセージは、伝え手自らがいだく目的と、受け手であるターゲットオーディエンスの都合をふまえて、伝え手が受け手に送る情報のカタマリです。

その情報のカタマリであるメッセージに入っているのは、ただデータや事実を並べた、物事の言葉による描写にとどまりません。気持ちや感情も織り込まれています。

よい、上手いメッセージは、理性と感情、頭と心の双方に響きます。

ここで再度、「仕事で、ある判断にいたった理由を、同僚にメールで『説明』するイメージ」の例を、振り返ってみましょう。

目的は、「その判断にいたった複雑な経緯を伝えたいから」だとしましょう。同僚（Bさん）が自分（Aさん）と、長年の付き合いがあって、言わずともわかってくれる、わからなくても信じてくれるような方ではない場合です。

Aさんの説明がもし――、

「――いろいろあって、複雑だから詳しくは述べないけど、こんな感じにしようと思う。」

とだけにとどまるものだとしたら、どうでしょうか？

情報不足だし、理性的な判断かどうかもわからないので、あまり理性には響いてこない気がします。

また、情報が不足している同僚に対して、あまり誠実な対応だとも感じないので、感情にも響かないおそれが高いです。

もちろん、全体として、はっきりとは理解しにくいですし、その判断で他の方にも動いてもらいたいと思わせるだけの、切実さが感じられないかもしれません。

つまり、理性と感情に響かない、あまりよくない、上手くないメッセージになりそうです。

でももし――、

「――本当はBさんにも賛成してもらっていた考えでいこうと思っていたのですが、クライアントから今朝連絡があって、締め切りが今日中に変更されたとのことです。最終判断をするべきCさんも出張中で連絡がつかないために、本来は作業すべきことが中途半端なままで、いまは進めざるを得ないようです。自分なりに手を尽くしてやれるところまでは進めるつもりです。しかし今日中にクライアントに報告する必要があるため、さしあたりは自分だけの作業で乗り切って、後日、チームとして納得がいくものが提出できるように、あらためて皆さんに、相談させてもらえないでしょうか……。」

などという説明だったらいかがでしょうか？

最善ではないけれども、時間の制約がある中で、次善策を考えた経緯や、自助努力しようとした態度、同僚も含めたチームへ情報を共有することで合意を得ようとする進め方や、丁寧な言葉、などなどの違いがありますね。

さきほどの例よりも、もっと頭や心に訴えそうな気がします。

そして大事なことは、繰り返しになりますが、後の例の方が、伝え手の目的と受け手であるターゲットオーディエンスの都合の双方をふまえていることが感じられます。

ここで言う伝え手の目的とは、さしあたりの状況を上手く乗り切りたいこと、自分が下した新しい判断について同僚を含めたチームの理解を求めること、などでしょうか。

ここでのターゲットオーディエンスの都合とは、例えば、複雑になった経緯について説明してほしい、その上で判断の変更について納得したい、チームで進めていきたい、などが想定できますね。

一応確認しますが、この「説明」で大事なことは、決して、複雑な経緯、それ自体ではなさそうですよね。

「何を」の比較として、複雑な経緯を説明することの方が単純な経緯を説明することよりも優れている、という話ではないわけです。

つまり大事なことは、伝え手と受け手という人間同士が、「説明」というコミュニケーションを行う際に、工夫できるのは「説明」の対象になるモノ、コト自体ではなくて、メッセージという情報のカタマリで、それは人間関係の産物だということです。

ターゲットオーディエンスと目的、そしてメッセージ。この3つの要素が、「説明」という行為ではもっとも大事です。

もちろん、「説明」で登場するメッセージは1つだけではありません。実際はいろんなメッセージが積み重なることが多いです。でもここで注意が必要です。

たくさんのメッセージを一度に伝えたらどうなるでしょうか？

受け手はすべてを受け止めきれない、単純に忘れてしまうと思います。

複数あるメッセージのすべてが等しく大事だと伝えたらどうなるでしょうか？

受け手はすべてを覚えるのが大変で、混乱してしまうし、毎回思い出すのが大変ですね。

本書では、受け手であるターゲットオーディエンスは、基本的には人間であることを想定しました。伝え手も受け手も人間（集団）同士である際には、もちろん、人間の情報処理能力の限界、特徴をふまえた「説明」をすることが大事です。

同じくらいに重要だとされるけれど覚えきれないほどのメッセージを、ターゲットオーディエンスにただ受け取らせるのではなく、受け手がすばやく理解でき、頭の中で整理しやすく説明することが重要です。そのような説明の「構造」を、本書では紹介します。

メッセージの中でも一番大切なのは、「キーメッセージ」

さきほどの、仕事で同僚に複雑な経緯を「説明」するイメージ例で、想像を続けてみましょう。

伝え手であるAさんは、27ページに挙げた「説明」の後に、こう付け加えるかもしれません――。

「――よろしければ、先日、Bさんが作成された資料のコピーをメールに添付して送っていただけないでしょうか？　その内容をふまえた上で、皆さんに報告できればと思います。」

さらに――、

「――あと、併せて、Bさんとして大事なポイントをピックアップしていただければ助かります。締め切りに間に合わせた後は、ぜひ他の意見もふまえて、進めたいです。」

と続いたとします。

ここでは、かくかくしかじかの事情があるために、

- 自分で進められるところまで進めてみること
- Bさんが作成した資料をふまえたいこと
- Bさんが思う大事なポイントも併せてふまえたいこと

これらの3点のリクエストをするメッセージが伝えられていますね。

でも、この3点には共通のメッセージがあります。

■締め切りに間に合わせた後は、チームのみんなと相談していきたい

という点です。

この点を伝え手であるAさんは、受け手であるBさんに繰り返し伝えています。

この、複数のメッセージを束ねるメッセージ。メッセージの中でも、一番大事なメッセージが、**キーメッセージ**です。

「説明」では、このキーメッセージを伝える、伝えきることがとても大事です。

さきほど述べたように、人は多くのメッセージがバラバラになっている状態では、上手く受け取れません。それらのメッセージを束ねる、キーメッセージがあることが望ましいです。人はよく、キーメッセージは少なくとも覚えて、そのキーメッセージを手がかりに、関連のあるメッセージを覚えたり、思い出したりします。

また逆に、あるメッセージを思い出すことで、それを束ねるキーメッセージを思い出し

たりもします。

もちろん、メッセージAからメッセージB、C、D……、と多くのメッセージを並べて把握できる方もいらっしゃいますが、多くの方にとってはキーメッセージがあるだけで、情報の整理はとてもしやすくなると思います。

本当は人がいっぺんに受け取れるメッセージの数に限りはないのかもしれませんが、すばやく的確に伝えるためには、それらを束ねる1つのキーメッセージがあることが望ましいでしょう。また、実務などでは、**3つぐらいのメッセージにおさえておく方が、多くの方にとってわかりやすい**ように思います。

キーメッセージはただのまとめではない

ここでもう一回、同じイメージ例からさきほど、目的別に想像してみた例を思い出してみましょう。

「その判断にいたった複雑な経緯を伝えたいから」の他には、

――上司の指示をふまえていることを強調して、こちらに任せてほしいから。
――予定が合わないことを強調することで、同僚に代わりに担当してほしいから。
――チームの不和を乗り越える必要を強調して、一緒に仕事を成功させたいから。

という例を挙げていましたね。
この3つの例に共通していることは何でしょうか。

はい。3つともに、伝え手の目的と受け手であるターゲットオーディエンスの都合をふまえながら、ある要素を強調したメッセージを伝えています。多くの要素やメッセージの中から、あえて選んでいるとも言い換えられます。

キーメッセージとは、こういうモノです。
伝え手が受け手を想像しながら、いろんな要素を選び出し、強調したモノです。

つまり、**キーメッセージは、ただのメッセージのまとめではありません。**

伝え手の目的と、受け手であるターゲットオーディエンスとの関係と同様に、キーメッセージと複数のメッセージは、双方をふまえて選ばれるものです。その際には、強調する事実も変わってきます。

「説明」とは、大切な要素が調和して、有機的にバランスがつり合ったところに成立しています。よい、上手い、優れた「説明」であれば、大切な要素の間で、より見事な調和とバランスが実現していると言えそうです。

この優れた「構造」を紹介するのが本書です。

さて、ここまでをまとめると、ターゲットオーディエンスと目的、そして、1つのキーメッセージを共通とする複数のメッセージ、これらが「説明」というコミュニケーションでは大切ということになります。

説明のＴＰＯと手段・様式

18ページで挙げた説明に大切な要素5つのうち、あと2つ、「**どういう状況で**」と「**どうやって**」についても、見ておきたいと思います。

「どういう状況で」＝ＴＰＯ

メッセージには、いろいろな状況をふまえた配慮が盛り込まれています。

イメージ例を振り返ってみると、「仕事で」、「道に迷って」、「面接で」、「浮気を疑われて」、「和食店で」など、いろいろな状況のもとで、どのようなメッセージがふさわしいか、伝え手は工夫するわけです。

つまり、**状況に応じて、メッセージは変化**します。

このような「どういう状況で」は、いわゆるTPOとも言い換えられます。TPOとは、T（Time：時間）、P（Place：場所）、O（Occasion：機会）の略です。つまり、どのような時間や場所、機会か、ということです。

さきほどの同僚への説明は仕事上の例でしたが、これがもし、道に迷っている状況下で同じ説明がされたとするとどうでしょうか？

さしあたり自分で進めてみるのはいいとして、資料を送ってもらったり、ポイントを教えてもらったりなど、メールでやりとりしているというのは、メッセージとして、なんだかのんびりしていますね。

キーメッセージが、あとでチームでも相談したい、では、なんだかゴールにたどり着く前に日が暮れそうです。

例えばこの状況でのメッセージは、時間がないから、自分で道を探してみる、住所のアドレスや目印を電話やチャットですぐに教えてほしい、もし約束の時間までにたどり着けなかったら、先に着いているメンバーたちと先に行ってほしい、などの方がより現実的な気もします。

さしずめキーメッセージは、チームに相談したいではなく、なんとか自分でたどり着いてみせる、ではいかがでしょうか。

——などと、イメージを膨らませてみたわけですが、「説明」にはＴＰＯの要素が大切だということは言えそうですね。

「どうやって」＝手段・様式

また「どうやって」伝えるかによっても、「説明」は違ったものになりそうではないでしょうか？

「メールで」、「電話で」、「口頭で」、「動画を見せて」、「英語で」などが、イメージ例では登場しました。いわゆる、コミュニケーションの**手段**や**様式**（モード）についてです。

もっと詳しく見ていくと、例えば、データや事実を伝える順番も気にしますし、似たような例を挙げたり、心に響きそうなエピソードを使ったり、使う語彙のニュアンスも工夫したり、専門用語を使わないでかみ砕いたりなど、いろいろと細かく**手段**や**様式**を変えることができます。

音も大事ですね。

声の大きさやリズム、心地のよい声のトーンを意識する時もありますし、忙しくまくし立てることもあります。

ジェスチャーも大事です。

顔の表情、身振り手振り、首を振るなどの動き、伝える際の服装、時に口臭ケアや香水のありなしなども、情報として含まれます。

これらのさまざまな情報がまとめられたそのカタマリが、メッセージですね。

さて、やっと「説明」に大切な要素が一通り出そろったようです。まとめます。

ターゲットオーディエンスと目的の双方をふまえて、キーメッセージを軸としたメッセージ

を、TPOをふまえながら、ふさわしい手段・様式で工夫しながら伝えることが、よい、上手い、優れた「説明」のために大切ということです。

本書では、これらの要素をまとめて取り扱うことができる構造、世界標準の枠組み（フレームワーク）を紹介します。

何が説明とその他のコミュニケーションを分けるのか？

さてここまで、「説明」とは何かについて大切な要素を確認してきました。イメージ例でも見てきたように、「説明」というコミュニケーションをする機会は、日々の生活で確かにたくさんありますね。挙げきれないほどいろいろな例がありそうです。この頻度やバリエーションの多さだけでも、「説明」がいかに重要なのかがわかります。もちろん、「説明」のよさや上手さが大事な場面も多そうです。

でも「説明」以外のコミュニケーションもたくさんありますよね。いろいろあるコミュニケーションと比べても、「説明」は大事なのでしょうか？

「説明」にとって大切な要素を、あえてなくしてみたらどんなコミュニケーションになるでしょうか？

「説明」が「説明」として成立するギリギリのラインは、どこに引けそうでしょうか？

説明は「認知」でなく「理解」を求める

では試しに、ターゲットオーディエンスや目的をなくしてみます。

ターゲットオーディエンスを想定しないコミュニケーションと言えば、「ひとりごと」みたいなものでしょうか。

強いて言えば、自分という伝え手が、自分という受け手に向けて「説明」しているような時もありますが、大抵は、ただ思ったこと、感じたことを口にしているだけですね。自分の頭や気持ちを整理するという目的はあるかもしれません。すべての「ひとりごと」がそうではないと思いますが、「説明」として、ギリギリセーフな「ひとりごと」も一応あるかもしれません。

では、「イタっ……」、「えっ？」、「すごい！」などはどうでしょうか？

仮にターゲットオーディエンスが聞こえる状況だとしても、思わず言っただけだとしたら、反射的なもので、目的があったとまでは言えなさそうですね。

一人きりの時に思わず出たのであれば、ターゲットオーディエンスと目的、両方とも想定していないことがほとんどだと思います。もうコミュニケーションとも言えなくなりそうですね。ただの「発話」です。「説明」としては成立しなそうな気がします。

つまり、ターゲットオーディエンスと目的の双方がわずかでも存在する限り、「説明」としてはセーフで、どちらかがない時は、「説明」としてはアウトではないでしょうか。

「おーい！」、「HEY！」などはどうでしょうか？

ターゲットオーディエンスは想定していて、伝え手が存在することを**認知**させたいという目的もあります。しかし、相手の**理解**までは、これらの「呼びかけ」だけでは得られそうにないですね。

つまりこの例からは、ただ**認知を求めるだけでは「説明」とまでは言えず、理解を求めることが、「説明」の成立条件**ということが見えてきます。

モノやコトがそこにある、いる、という認知がない限り、人はそのモノやコトを理解はできません。少々、哲学的な議論が必要になりそうですが、本書では認知と理解との関係はこのように定義して、進めたいと思います。

ちょっと変な例ですが、あそこにいるAさんに「説明」してきてほしいとBさんに頼んだとします。頼まれたBさんはAさんに「おーい！」とだけ呼びかけます。その直後、「はい、説明してきたよ」という「説明」をBさんから自分が受けたら、どう思いますか？

呼びかけだけの「説明」も、自分への「説明」（正確に言うと、報告）も、両方ともこれでは「説明」とは言えないと、言いたくなりますね。

まとめると、「説明」が「説明」であるためには、伝え手が目的を持って、受け手であるターゲットオーディエンスの理解を求めようとすることが、必要ということになりそうですね。

では次に、メッセージやTPO、手段・様式をなくしたらどうなるのでしょうか？

実はこれらについては、なくせない、というのが答えになりそうです。順に見ていきましょう。

メッセージのないコミュニケーションはない

「説明」から、メッセージを取り払ったらどうなるでしょうか——？

——なんだか、よくわかりませんね。

そうです。実は、メッセージが存在しないコミュニケーションというのは、人間関係の中ではあまり設定できないのかもしれません。

たとえ伝え手の「説明」が、ターゲットオーディエンスにとってまったく意味不明、理解不能な場合でも、それでも人は人の言葉からいろんなメッセージを受け取ると思います。

伝え手が伝えたかったことが伝わらなくても、受け手は想像を働かせて、そこになんらかの意味を見出《みいだ》そうとします。なんらかのメッセージを受け取ってしまいます。つまり、誤解という結果を生む「説明」が成立してしまいそうです。

伝え手の使っている言葉がわからない場合もそうですね。

知らない外国語や赤ちゃんの言葉などからも、受け手はメッセージを受け取ると思います。逆に言葉の意味がわからない時ほど、受け手は伝え手の感情をいろいろと想像することで、例えば、「喜んでいるみたいだ、つまり、ありがとう、という意味かな」とか、「嫌がっているみたいだ、やめてほしい、ってことかな」など、なんらかのメッセージを受け取ろうと努力します。

人が自然に言葉を学び、また、自分以外の方（々）の気持ちを想像する限り、メッセージは常に生まれ出てくるのでしょう。

もちろん、メッセージはあるけど、キーメッセージがない「説明」はたくさんあります。この場合、あまりよくない、上手くない、優れていない「説明」になるだけですね。

また、TPOや手段・様式は、コミュニケーションを成立させる、物理的、社会的、認識的な条件です。これらがない想定というのは、哲学や思想の本に譲った方がよさそうですので、（「理性」や「感情」だけでなく、「魂」に響くメッセージなども）本書では扱いません。

まとめると、メッセージやTPO、手段・様式は、「説明」を含むコミュニケーションには自然と備わっている、欠くことがないということです。

なつかしいヒットソングの歌詞を引用するなら、「気が付けばそこにある物」です。

つまり、先に見た「説明」にとって大切な要素はすべて、同時に「説明」にとって欠かせないものということになります、ただ大切なだけでなく、欠かせない要素だったわけですね。

優れた説明が可能にする応用的なコミュニケーション

さてここまで、「説明」には少なくとも、どういう要素が大切かつ欠かせないかを確認してきました。

この、いわば「説明」の最低限、ギリギリのラインをしっかりと確認した上で、ここからは「説明」の先にあるものについて、確認していきましょう。

結論から言えば、**「説明」は、日常生活やビジネスの現場、国際社会にとって重要な決定や**

判断を導くための、さまざまなコミュニケーションのベース（基礎）です。だとしたらその大事さは、言うまでもないですね。

さきほど確認したように、「説明」は、ただの「発話」や「呼びかけ」のように、受け手の認知を求めるコミュニケーションの先にあります。「説明」では受け手の理解を求めますが、認知と理解を求めたさらに先では、伝え手は受け手に何を求めるでしょうか？

説明が「説得」を可能にする

突然ですが、ビリヤードを思い出してください。

白い手球《てだま》をプレイヤーがキュー（ビリヤードでプレイヤーが使う棒）で打つと、手球が転がって、狙った先にある他の球に当たります。手球が当たると、当たった球はどうなりますか――？

――動きますね。

プレイヤーは、手球が当たった後の球の動きを予測し、コントロールするために、白い手球へ、なるべく意図した強さと角度、回転などの要素を満たした衝撃を与えるように、キューを動かします——。

コミュニケーションの世界に戻りましょう。

ビリヤードで狙ったプレイをする時のように、大切かつ欠かせない要素をふまえた「説明」というコミュニケーションの行為は、伝え手が意図したように受け手を、動かす効果があります。このような「説明」は、受け手に行動を取らせることを意図しています。

つまり、「**説得**」です。

認知と理解の先にある行動を促すためのコミュニケーション、「説得」のベースは、「説明」です。つまり、よい、上手い、優れた「説明」をすることは、より伝え手が求める、望むような行動を、受け手に取るように促すことにつながります。

久しぶりに、本章冒頭のイメージ例を思い出してみてください。

例えば、「パートナーに浮気を疑われて、友人が撮影したアリバイ動画を見せて、身の潔白を『説明』するイメージ」。

ただパートナーに理解してもらっただけでは済まないかもしれませんね……。なんとか「説得」しないと。ちょっと古典的なイメージで恐縮ですが、パートナーがあなたの携帯電話を取り上げて、投げようとしていたら……。

あなたはまず、携帯に友人が撮影したアリバイ動画があるから、携帯を投げないようにと上手く「説明」して、パートナーに落ち着いてもらった方がいいですね。そしてそっと携帯を受け取って、一緒にその動画を見る。で、疑いが晴れたあたりでできれば、カッとしたからといって携帯を投げようとするのはよくない、次からはやめようねと、「説得」した方がいいかもしれません。

まずは「説明」、そして「説得」です。**説明なしに、説得はできません。**「説明」って大事ですね。

説明と説得の積み重ねが「交渉」を可能にする

ここまで見てきた「説明」は、伝え手から受け手へのコミュニケーションで完結している例ばかりでした。

言うまでもなく、ほとんどのコミュニケーションは伝え手が受け手に伝えた後、今度は受け手が伝え手になって、受け手になった伝え手に向けて……など、双方のコミュニケーションが行き来しますね。

Aさんが「説明」をして、Bさんがそれに対して質問、コメント、提案などをする。Aさんがそれらに応答するためにまた「説明」をして、Bさんも自分の発言意図を「説明」する。Aさんは再度の「説明」に加えて「説得」をして、Bさんにしてほしいことを伝える。Bさんが Aさんに質問をする……。

このように、「説明」が「説明」を呼び、質問やコメント、提案、「説得」なども入り交じって、相手に理解してほしいこと、行動してほしいことを伝え合います。

このようなやりとりは「**交渉**」です。

「交渉」とは、伝え手と受け手が、自らの望むモノを手に入れるために、コミュニケーションをすること、ぐらいに、本書では定義しておきます。

「交渉」の際には、事実関係の確認や、意思の確認、事務的な条件の確認があるでしょう。それらを論理的に整理してみたり、理性と感情に訴えるように伝えてみたりと、伝え手と受け手の双方が、どのようにしたら自らが望むモノが手に入るのかを、相手と「**議論**」します。

「議論」の言い換えとしては、「話し合い」、「討議」、「協議」、「審議」、「評議」、「論戦」などなど、ニュアンスや使う場面に応じて、いろいろな類義語がありますね。

自分の立場と相手の立場との違いが大きいと、「説得」にも力が入りますね。

そしてもちろん、これらの「議論」に相当するコミュニケーションのベースになっているのが、「説明」です。

さきほどの、浮気を疑われた際の「説明」のイメージ例でしたら、「説明」も「説得」も、質問もコメントも提案も入り乱れて、それはそれは白熱した「議論」と「交渉」が繰り広げられそうですね。

人間関係は説明次第

「議論」や「交渉」の結果には、満足できる時もあれば、満足できない時もありますね。

Aさんは満足したけど、Bさんは不満足。
その逆で、Aさんは不満足だけど、Bさんは満足。
もちろん、双方が不満足な時もあります。

そして、AさんもBさんも満足した結果になることもあります。

これらのパターンを、上手くいった場合はウィン（Win：英語で「勝利」という意味）、上手くいかなかった場合はルーズ（Lose：英語で「敗北」という意味）とすると、4つの組み合わせ、パターンが考えられます。

Aさんがウィンで Bさんがルーズの、「ウィン・ルーズ」のパターン。
Aさんがルーズで Bさんがウィンの、「ルーズ・ウィン」のパターン。
AさんとBさんが双方ともルーズの、「ルーズ・ルーズ」のパターン。
AさんとBさんが双方ともウィンの、「ウィン・ウィン」のパターン。

図示すれば次頁の図のようになります。

最後のパターン以外はすべて、ルーズが含まれていますね。言い換えれば、ウィンだけのパターンは1つだけ。

	Bさんは不満足（Lose）	Bさんは満足（Win）
Aさんは満足（Win）	**交渉：** Aさんだけ満足（Win-Lose）	**和解：** 両方が満足（Win-Win）
Aさんは不満足（Lose）	**交渉：** 両方が不満足（Lose-Lose）	**交渉：** Bさんだけ満足（Lose-Win）

さて、双方がルーズのパターンや、片方がウィンでもう片方がルーズのパターンの時、ルーズだった方はどう感じるでしょうか？

次にまた同じ相手と、「説明」をはじめとした、「議論」や「交渉」をする機会があった時、どんな気持ちでコミュニケーションをするでしょうか？

前回の時と同じような人間関係のままでしょうか？　それとも、前回とは違う関係になっているでしょうか？

もちろん、いろんな状況や条件によって、「議論」や「交渉」の結果も、その結果の影響も変わります。ケースバイケースではあります。

ただ、私も含めて、多くの方が遭遇する「説明」が求められる場面は、いつも「説明」がしやすい状況ばかりではないと思いますが、いかがでしょうか?

また、「説明」自体の良し悪しやふさわしさよりも、受け手がそもそも、「説明」自体をあまり聞いてくれない、受け入れないような状況もありませんか?

例えば、さきほどの浮気のイメージ例で、状況が悪化、ないし、そもそも「説明」自体が始められないような、元も子もないような厳しい状況を想像してみます。

今回のように浮気を疑われたケースは初めてではなく、いままでも何回かあったために、信用がなく、もう新たな「説明」を聞いてくれない。前回の浮気疑惑の際の「説明」には嘘、説明不足な点があった。伝え方に誠意が感じられなかった。パートナーがどうもかんしゃく持ちで聞く耳を持たないだけでなく、言葉その他での攻撃が始まり……などなど。

そもそも、「説明」自体ができない状況では、「説明」自体にとって大切なものや欠かせないものなど意味がなくなってしまいますね。

でももし今回、アリバイにあたるような動画があることを、パートナーに誠意を持って、「説明」に大切な要素をふまえつつ、それらをバランスが取れた「構造」としてまとめて、上手く伝えられたとしたら……。

この出来事がむしろ、二人のキズナを強くする結果になるかもしれません。

つまり、人間関係は「説明」次第なことも多いのではないでしょうか。

まとめると、「説明」は、伝え手と受け手との間のコミュニケーションのベースになるために、対立の原因にもなるし、「和解」をする手段にもなります。

「説明」を伝えたり、受け取ったりすることの前提となる、**人間関係を壊すのも、修復するのも、「説明」次第**と言ったら、言いすぎでしょうか？

「仕事で、ある判断にいたった理由を、同僚にメールで『説明』するイメージ」の例を、思い出してください。17ページで挙げた、目的の例を振り返りましょう。

実は、4つの例示には理由がありました。
もうお気づきかもしれません。

——その判断にいたった複雑な経緯を伝えたいから。
これは「説明」ですね。

——上司の指示をふまえていることを強調して、こちらに任せてほしいから。
これは「説得」です。

——予定が合わないことを強調することで、同僚に代わりに担当してほしいから。
これは「交渉」です。

——チームの不和を乗り越える必要を強調して、一緒に仕事を成功させたいから。

これは「和解」です。

「説明」が目的に応じて、「説得」、「交渉」、「和解」などに発展することをお伝えしたかったために、実はこのような例示をしていました。

すでに確認したように、伝え手も受け手も人間であることを本書では想定しています。「説明」はいわば、人間関係の産物ともいえます。そして、人間関係の束でできている社会は、「説明」ベースのコミュニケーションでつながっているように思います。

「説明」とは何か、「説明」の先にあるもの、そして「説明」の大事さ。

伝え手である私から、読者であるターゲットオーディエンスの皆さんに、これらのメッセージが伝わっていることを願いつつ、ここからは本書のキーメッセージについて「説明」していきます。

そのキーメッセージとは、**説明力を決めるのは「構造」**だということです。

説明の「構造」とは？

人は「説明」を受ける時、情報を整理しながら、「説明」を理解しようとします。その時に整理が上手くいかないと、「説明」を上手く理解できませんね。

その場で、聞き返したり、質問したりして、「説明」を理解しようとします。もしその場で「説明」を理解できない時は、あとで聞いたり、自分で思い出したり、整理したりして、理解しようとしますね。

その際はもちろん誤解も起きます。受け手の理解不足なことも多ければ、伝える側の説明不足なことも多いでしょう。

私は、人と人とのコミュニケーション、人間関係の産物である「説明」が、いつも、絶対、完璧《かんぺき》な理解にいたるように伝えられるとは、思いません。

コミュニケーションにはつねに双方に、いろんな不足や解釈の差があり、場合によっては運の要素もあるでしょう。そんな人間関係において、不完全ながらも、双方ともに合格点を与えられる情報の受け渡しと受け取りが発生することを目指すのが、ひとまず必要な、説明力だと思います。

いわば、「いい加減」では不足が目立つ結果になりますが、「いい加減」ではなく「良い加減」が大事なのです。

完璧ではなく、「良い加減」が実現すればよいという気楽さが、「説明」をベースとしたいろいろなコミュニケーションを心地よいものにするコツな気がしています。そしてそれらが、心地よく続くような、人間関係を生んでいく――。

人間関係が進展すると自然とコミュニケーションには、「ユーモア」や「遊び」の要素も入ってくると思うのですが、ひとまずは上手く、合格点の「説明」を交わし合うことが大事ですね。

さて、ここから本題なのですが、ここは単刀直入にいきたいと思います――。

――その「説明」が成功するためには、結局、伝え手や受け手が「説明」を理解するための整理法が共通していればいいと思いませんか？

伝え手も受け手も同じような整理を想定していれば、その整理に従って必要な要素を確認していけば「説明」は済むはず。

また、その整理方法を共通の基準とすればこそ、その「説明」が合格点なのかどうかも、見えてくるのでは――。

このような仮説に立てば、伝え手と受け手との間の人間関係の産物、「説明」の決め手は、その共通の整理法、「構造」ということになります。

本書ではもちろん、「構造」について、構造主義とは、脱構築とはなどなどの、哲学的、思想的な考察や解説は扱いません。

本書での「構造」の定義はさしずめ、経営やビジネスなどの世界でよく使われる「フレームワーク」や、「メソッド」、そして「整理法」のようなモノとして、ご理解いただければと思います。

逆ピラミッド型の論理構造

このような「構造」、フレームワーク、メソッド、整理法の代表的な例は、いわゆる**逆ピラミッド型の論理構造**でしょうか。**逆ピラミッドの法則、逆ピラミッド型の情報伝達**などとも言われています。

「説明」の際に、あれこれの背景情報があって、原因や理由があるから、結論としてこう、という並べ方がピラミッド型です。

反対に、一番大事な結論を先に述べて、その原因や理由を述べてから、背景情報などを伝えるのが逆ピラミッド型です。

メディアなどでよく目にする記事（特に短い報道内容）の構造などは、逆ピラミッド型の順番であることが多いですね。報道で求められるように、時間がない方も最初だけつかむことで、伝えられていることの概要や一番大事なことはわかるような構造です。

効率を求めるビジネスや実務の現場でも、この構造が好まれることが多いですね。

結論ファーストなども、ほぼ同義です。

「説明」は長くなるほど、理解しづらくなります。

単純に、はじめの方に述べたことを、最後の方まで覚えておくのは大変です。コンピュータなら可能なのかもしれませんが、たいていの人間にとっては長くなるほど理解しづらくなります。

記憶だけではなく、情報の整理も難しくなりますね。

私が逆ピラミッド型について初めて知ったのは、人より遅いかもしれませんが、中学校の英語の授業だったように思います。英語でのコミュニケーションで好まれる構造として習った方も、多いのではないでしょうか？

中学生（だった私）にも紹介されるほどに、逆ピラミッド型の構造が一般的によく知られているのは、やはり、いろいろなコミュニケーションのベースである「説明」にとっても、役に立つ構造だからなのかもしれません。

ＰＲＥＰ法

ＰＲＥＰ法という構造も有名ですね。

Ｐ（英語でPoint）はポイント・要点・結論。Ｒ（英語でReason）は理由。Ｅ（英語でExample）は例。最後のＰはまた、ポイント・要点・結論です。

ポイント・要点を最初に述べて、その理由、例になるような事実、データ、数字、エピソードなどを紹介した後に、最後にまたポイント・要点を繰り返すことで、Ｐを強調して、記憶に残すようにする方法です。

ＰＲＥＰ法の優れていると私が思うところは、このＰ、ポイント・要点・結論を繰り返すところです。

さきほどの逆ピラミッド型でも、結論が最初に来ることで強調されたように、ＰＲＥＰ法ではＰが最初に来て、また最後にも来ることで、さらに強調されていますね。

その上で、Ｒの理由やＥの例、証拠などが述べられているＰＲＥＰ法の構造は、「説明」をわかりやすく、記憶に残るようにするために、役に立つと思います。

SDS法

SDS法というのもあります。

これはS（英語のSummary）が要約・概要、D（英語でDetails）が詳細、そしてまたSの要約・概要、言い換えれば、まとめが最後に来るという構造です。

さきほどのPREP法よりも、Dの詳細に関する部分が自由な構造ですね。

ポイント・要点・結論や要約・概要も重要ですが、理由や例・証拠も含めた詳細にも比重が置かれています。

もちろん「説明」では、この詳細の部分があってこそ、大事な部分が際立ちます。

「説明」の構造には世界標準がある

さて、逆ピラミッド型、PREP法、SDS法などの構造はもちろん、日本だけで通用するものではありません。英語のコミュニケーションで好まれたり、英単語の頭文字をアルファベットで並べたものだったりしますから、当然かとは思います。

そして日本語で書かれて、日本語話者の皆さんを主な読者（もちろん、日本語ができる外国の方も大歓迎です！）として想定した本書で紹介しているわけですから、もちろん、日本でも日本語のコミュニケーションでも、「説明」の際に有効な構造だと思っています。

実際に私も海外での、日本語以外のコミュニケーションでも、これらの構造を活用してきましたし、いまでも活用しています。

「説明」というコミュニケーションの構造というものは、国境や国籍、ある言語や文化すらも超えたところで、人にとって共通の部分があるのだと思います。

本書でこれから紹介するのは、日本国外で開発され、世界中で使われており、実際に著者も活用しているある構造です。その構造を用いることで、世界標準の説明ができるというのが、本書の趣旨です。

その構造とは、「**メッセージハウス**」というものです。

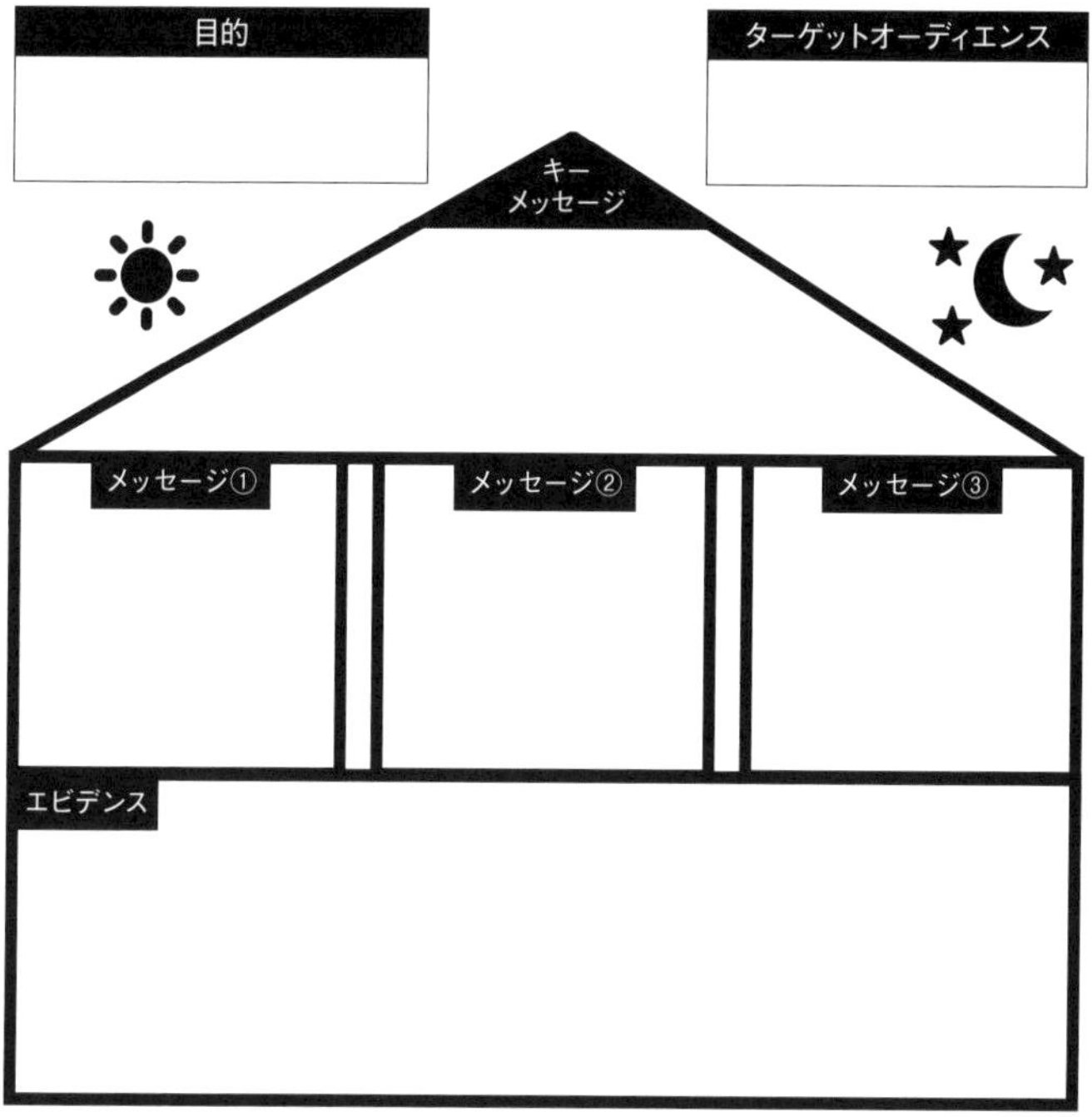

メッセージハウスは、逆ピラミッド型、PREP法、SDS法などの代表的な「説明」に関わる、よく知られた構造のよさを持ちつつ、これまで見てきたような「説明」の大切な要素もふまえています。

図にすると、上のようなものになります。

次章ではいよいよ、このメッセージハウスについて詳しく紹介していきます。

CHAPTER

2

世界標準の伝わる構造「メッセージハウス」とは？

メッセージハウスは世界標準

米国のコーチング会社MessageHouse.orgによれば、メッセージハウスの起源、発明者は不明です。メッセージハウスは、だれが言い出し使い始めたのかわからない、よみ人知らずのフレームワークです。

そんなメッセージハウスですが、同社がビジネス系SNSのLinkedIn《リンクトイン》を通じて、世界中のコミュニケーションの専門家5万人に対して実施した調査結果は、とても興味深いものでした。

「メッセージハウスを聞いたことがありますか？　キーメッセージを伝えるために組織やチームにメッセージハウスの使用を勧めたことがありますか？」（筆者和訳）との質問に対して、4分の1が「使用したことがある」と回答、3分の1がメッセージハウスを「聞いたことがある」と回答しました。

MessageHouse.orgが無料オンライン配布するメッセージハウスのテンプレートは、2022年末時点で65カ国以上、7500以上の企業、NGO／NPO、政府、個人によってダウンロードされています。

例えば営利企業では、アップル、マイクロソフト、ネスレ、ロールス・ロイス、アリババ、テトラパック、オラクル、BASF（世界最大規模の総合化学メーカー）、ボーイング、ヒースロー空港、SAP（欧州最大規模のソフトウェア会社）、シェルなど、そうそうたる顔ぶれが挙げられます。

非営利組織では、米国国務省、ニュージーランド児童省や、世界銀行、国連、グリーンピースなど、メッセージハウスの活用を考えた組織のリストには、枚挙にいとまがありません。

世界中の数々の有名、一流組織がこぞって導入するメッセージハウスは果たしてどんな

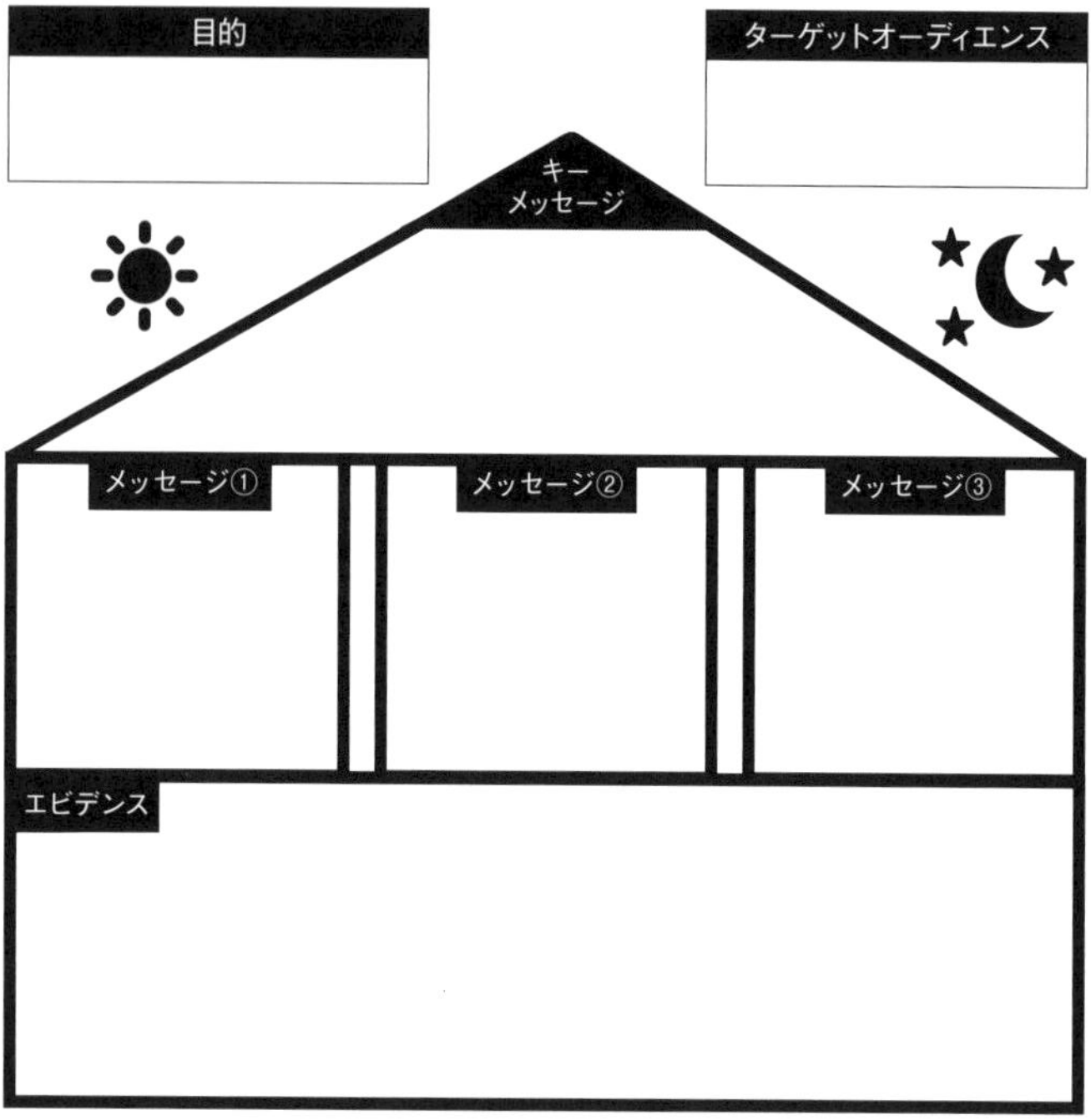

ものかと、読者の皆さんも期待されることでしょう。

実は、とてもシンプルです。

前章でも見せましたが、メッセージハウスは上図の通り。これだけです。

すぐに使えそうですね。

実際に多くの方が多くの場面で、すぐに使えるようになります。だからこそ、世界中で広く使われているのだと思います。

右図のような本書で使うメッセージハウスは、よみ人知らずのこのメソッドを著者が構成し直した、改良版の「メッセージハウス」です。国内外、営利非営利問わず、多くの組織で、いろんな場面を想定した情報発信の際に活用して、繰り返し学ばれてきたものです。

では次に、メッセージハウスの仕組みについて確認していきます。

メッセージハウスの仕組み

まずメッセージハウスの空高くには、左に太陽、右に月と星々が輝いています。

太陽は昼、月や星々は夜と、一日を両者が2つに分けています。

必ず昼間はやって来るとの意味では「明けない夜はない」、必ず夜間がやって来るとの意味では「日はまた沈む」などと言うように、ハウスの上空にはいつも、太陽や月、星々が輝き、ハウスやその住人を見守っているようなイメージでしょうか。

これらは「説明」というコミュニケーションでもっとも大切な要素のメタファー（隠《いん》喩《ゆ》）です。太陽が「目的」、月と星々が「ターゲットオーディエンス」です。

復習ですが、「説明」においてもっとも大切なことは、伝え手の目的と、受け手であるターゲットオーディエンスの都合の、双方をふまえることでした。

往々にしてターゲットオーディエンスは一人よりも、不特定多数の方を指すことが多いため、メタファーとしては月に加えて、多くの星々をイメージしているわけです。

「どうして」にあたる目的（という太陽）と、「だれへ」にあたるターゲットオーディエンス（という月と星々）を確認した後、それらの天空にある目印に向かっていくのはハウスの屋根にあたるもの、これがキーメッセージです。

キーメッセージを伝えることが、人間関係の産物である「説明」にとって大切なことでした。「説明」にとっての大切な要素である「何を」にあたるのが、キーメッセージでしたね。

その屋根を支えるのは3つの柱です。

キーメッセージを支えるモノ、すなわち、メッセージです。柱にあたるこれらのメッセージを、「**トーキングポイント**」（Talking Point：和訳では「話すポイント」）と呼ぶこともあります。

柱は3本でなければいけないわけではありません。

伝え手と受け手の双方にとって、わかりやすい、覚えやすい数として、実務などでは3つくらいに収めることが多いという理由で、柱の数は3本に設定しているだけです。もちろん、長い「説明」であれば、5本、時に、10本の柱、つまり、10個のメッセージが1つのキーメッセージを支える構造であっても、メッセージハウスは成立します。

そして最後が、太陽や星々の下、ハウスの屋根と柱を支える土台です。

土台は、「データ」、「事実」、「数字・統計」、「エピソード」、「専門家や顧客、市民、有名人のコメント」などで作られています。

これらを総称して、**エビデンス**（英語で「証拠」という意味）と呼びましょう。

「説明」にとって大切な要素の中で、メッセージハウスに図示していないのは「どういう状況で」にあたるTPOと、「どうやって」にあたる手段・様式です。

メッセージハウスを初めて考案した方は不明なので、その方の意図まではわかりません。

ただ、私が手を加えたこの改良版でも、TPOや手段・様式の要素をあえて図示していないのは、これらは「説明」にとって、こちらが準備するよりも条件として与えられていることが多いからです。

また、メッセージハウスのよさである、シンプルさを損なわないようにとの配慮もあります。

もちろん、手段・様式を、ハウスのそばに置いてある車や自転車などのメタファーで表すことで、どのように、ハウスの住人がメッセージを運んでいくのかを表現してもいいと思います。

TPOはさしずめ、ハウスの周りの環境（木々や花々、庭など）にあたるかもしれません。

ちなみに、メッセージハウスのメタファーは、さきほど確認した、「説明」には欠かせないもの、欠いても成立するものの分類もふまえています。

例えば、「説明」には、目的とターゲットオーディエンスは欠かせないことは、確認済みですね。

太陽や月、星々がない空は存在しませんね。いくら雲に隠れていようと空のどこかに必ず存在します。

昼間は、月や星々は見えないだけです。夜間は、太陽が自分たちの足の裏の方へ回っているだけですね。

キーメッセージにあたる屋根はなくとも、ハウス自体は立っていられます。でも、柱にあたるメッセージがなくて、土台であるエビデンスだけではもう、ハウスとまでは言いにくいかもしれませんね――。

以上です。

とてもシンプルです。

これだけです。

ハウス（家）のイメージで、自分が大事にしたいメッセージの組み上げ方、並べ方、支え方が、すっと理解できると思います。

この**シンプルさがメッセージハウスの強み**です。

シンプルですがその有効性は、世界中で多くの組織に採用されるほどの、折り紙付きです。

すぐにだれでも使えそうですが、上手く使うためには、実はちょっとしたコツがあります。次は、メッセージハウスの使い方とそのコツを紹介していきます。

メッセージハウスの使い方

メッセージハウスの図は、巻末に付録として載せています。これからその使い方を説明していきますが、コピーするなどして、ぜひご活用いただければと思います。シンプルな図なので、自分でノートに書いたりするのでもよいと思います。図の中に書き込んだことを途中で消したり直したりできるように、ボールペンではなく、鉛筆やシャーペンなどで書き込むことをおすすめします。

作れるところから自由に作っていく

メッセージハウスは必ず、ある要素から先に作らなくてはいけません――。

決まった順番に要素を埋めていく必要があります――。

――などというような、堅苦しいルールはありません。

文章を書いたり、提案書を作ったりする時も同じですが、最初に大枠が決まっている時があれば、細かい部分が先にある場合もあります。思いつく順番もはじめから決まっているわけではないですね。

ですからおすすめはまず、すでにわかっている、決まっている要素があれば、それらをさきほどの図の中で、関連のある要素の場所へ、どんどんあてはめてみてください。その上で、足りない要素、決まっていない要素などを、図の埋まらない箇所として可視化して把握していくのがいいと思います。

パズルと同じで、見つからなかったり、どこにあてはめていいかわからなかったりするピースは、他のピースが埋まってくると、見つかったり、正解が見えてきたりします。頭もさることながら、とにかく手を先に動かしてみる。

ぜひ、遊びながら、進めていってほしいと思います。

違う言い方をすれば、まずはアイデアを発散させるのがよいと思います。自由に、気ままに、アイデアを発散させてみてください。

要素間の関連性を見つける

その上で、ただバラバラに、思い付きで要素を集めるだけでなく、集まった要素の間でのつながりを工夫していくことが重要です。つながりが見えてくると、足りない要素も見えてきます。

メッセージハウス内の要素が、有機的に関連し合い、相乗効果を生むことが望ましいです。

例えばキーメッセージは、複数のメッセージ（トーキングポイント）に支えられています。

言い換えれば、複数のメッセージは共通のキーメッセージを支えるような要素になっている必要があります。両者の兼ね合いで決まってくるわけです。

またキーメッセージも含めたメッセージは、多くのエビデンスに支えられるからこそ、ターゲットオーディエンスにとって訴求力のあるメッセージになります。

もちろん、どのエビデンスが大事か、役に立つかを見極めるには、あくまでも、それらがメッセージをどのように支えるのか、把握する必要があります。

そして、目的を持った伝え手の「説明」にはターゲットオーディエンスが受け手として必要になりますが、ターゲットオーディエンスの設定が適切であるかどうかは、目的があればこそ、判断できるわけです。

これらの大切な要素は、お互いがお互いを支え合うような、相互依存の関係にあります。このつながりを調整して、いかによい相乗効果を得られるような構造を導き出せるかが、メッセージハウスの良し悪しにも関わってくるわけです。

優先順位を意識して仕上げていく

さて、アイデアを発散させ、有機的に全体と部分とを調和させた後は、収束するステップに入っていきます。

ここでは発散の時のように、思いつくまま、自由にというわけではなく、優先順位を意識しながら、それぞれの要素の最適なバランスを見つけていく作業が必要になります。

メッセージハウスを形作る要素の中で、もっとも優先順位が高いモノはやはり、あの2つです――。

――はい、そうです。

太陽である目的と、月や星々であるターゲットオーディエンスです。

この2つがブレることなく、メッセージハウスを構築していくことが必要です。

その次が屋根であるキーメッセージ。そして柱であるメッセージ（トーキングポイント）。

そして最後が、それらを下支えする土台にあたる、エビデンスという順番です。

例えば、優先順位をつけずに要素をちりばめていくと、要素間の調和を図っていく際に、エビデンスの1つの、ある事実のために、目的に変更を加えるようなことも起きてしまうおそれがあります。

これでは、本末転倒です。

あくまでも、目的とターゲットオーディエンスの設定が先にあってこそ、「説明」の際に有効であろう、ある事実を持ち出す判断ができます。

ここでは要素単独では価値がありそうなモノも、優先順位に応じて、メッセージハウスを構成するモノから外《はず》していくような、削る作業が求められることが多いです。

例えば、記憶に残るような興味深いエピソードがあるとします。

エビデンスを構成するそのエピソードが、より優先順位が高い目的やターゲットオーディエンスをふまえて設定したキーメッセージや、それを構成するメッセージを伝えるためには、やや情報として誤解を生む、違う理解へと誘導するおそれがあった場合は、勇気を持って、メッセージハウスの土台にあたるエビデンスからは、外す必要があります。

それにもかかわらず、せっかくのエピソードがもったいないからか、あるいはそのエピソードを話したくてしょうがないからなのか、説明にとってはあまり関係のないエピソードトークを広げて、何が言いたいのか伝わらない説明が散見されます。「え、結局何だったの？」、ひどい場合には「時間を返してよ」と言いたくなるような説明を受けた経験は、皆さんにもおありではないでしょうか。

収束作業を経ることで、無理、ムダもなく、モレもダブりもない、洗練された（住みやすい？）メッセージハウスを作ることができます。

・作れるところから自由に作っていく
・要素間の関連性を見つける
・優先順位を意識して仕上げていく

この3つのステップを意識することが、効率的に、最適なメッセージハウスを作るためのコツだと思います。

解像度を調整して完成させる

そして大事なことは、ここまでの3ステップをただ一度たどるだけでなく、ステップの間を何度も行き来しながら、調整していく作業ですね。これが最後のステップにあたります。

このステップで大事なことは、要素の**解像度**です。具体性、粒度なども、言い換えられます。**メッセージハウスが実際に役に立つようにするためには、適度に具体的、現実的なレベルで、それぞれの要素を設定することが望ましい**です。

解像度という言葉は以前に比べて、実務でよく耳にするようになりましたね。パソコンやスマートフォンの画面を見ながら読み書きすることが当たり前になった最近では、画像データを適度な解像度で処理することのメリットは、よく知られています。

解像度が低すぎると、画像がぼやけていて、よくわからない代わりに、データ処理は軽くなります。

コミュニケーションに置き換えれば、伝え手のメッセージがざっくり、ぼんやりしているので、よくわからないかもしれません。一方で、解釈の余地が大きいので、受け手からすれば、なんとなくわかった気にもなる感じでしょうか。

「的は大きいけれど、ぼんやりとしていて真ん中に当てにくい」問題があると思います。

逆に解像度が高すぎると、画像はくっきりしていて、細かいところまでわかる代わりに、データ処理は重くなります。

これをコミュニケーションに置き換えれば、伝え手のメッセージがはっきりとしていて具体的なので、わかりやすいと思います。一方で、解釈の余地が少ないために、受け手からすれば、わからないポイントに焦点があると、わかる部分がなくなるおそれもあります。

こちらには、「的がはっきりしているけれど、小さすぎて真ん中に当てにくい」問題がありそうですね。

例えば、自社の製品を日本国内で売り出そうとする際に、ターゲットオーディエンスを「日本に住んでいる方」のようにざっくりと、解像度を低く設定したら、どうでしょうか？

製品のよさや必要性を訴えるメッセージもある程度ざっくりとしたものでないと、多くの方に自分ゴトとして感じてもらうのは難しいかもしれませんし、あまり製品の魅力を伝えられないかもしれません。

逆にターゲットオーディエンスを「東京都の目黒区のXX丁目XX番地に5年以上住む40代後半の男性経営者で、トライアスロンに取り組んでいる方」とかなり解像度を高く限定した場合はどうでしょうか？

自社の製品を売り出すメッセージは、この狭いターゲットオーディエンスの条件に合うようにはっきりとしていて細かいものにしないと、ターゲットオーディエンスにとって自分ゴトにはならないかもしれません。

また、ざっくりとしたターゲットオーディエンスの設定ならばネット発信による営業で問題ありませんが、ターゲットオーディエンスがとても狭い場合は、ネットで発信するよりも直接営業した方がいいかもしれません。説明の手段・様式が変わってくるわけです。

メッセージハウスの要素を設定する際も、解像度は低すぎず高すぎず、「説明」にとって適度なレベルを設定する必要があります。

どのくらいが適度かどうかは、目的が実現するかどうかが基準になります。

例えば、夏祭りの際に出店者がただ「飲み物を売りたい」というざっくりした目的を持っている場合、ターゲットオーディエンスの設定もざっくりと「来場者全員」あたりになるでしょう。

逆にターゲットオーディエンスが「お酒を飲みたいシニア男性」のように特定されていたら、売るのはただの「飲み物」でなく「ビールなどのアルコール飲料」と特定しないと、お酒を飲みたいシニア男性のニーズには合ってきませんし、その場合「水分補給をしましょう」のようなざっくりとした解像度ではなく、「お祭りでは冷たいビールを」くらいの解像度で、キーメッセージを設定した方が適切と言えそうです。

この解像度の観点から、要素自体のさらなる充実とよい関連性、相乗効果などをチェックしたら、メッセージハウスはひとまず完成です。

【練習】転職活動で自分の強みを説明する場合のメッセージハウス

ではここで少し、練習をしてみましょう。

お題は前章の冒頭で挙げたイメージ例、「面接で、自分の強みを面接官に口頭で『説明』する」ではいかがでしょうか？

もう少し詳しく設定してみます。

例えば、転職の面接で、募集職種は営業職。国内の顧客を相手に、全国津々浦々を営業で回る想定にしてみましょう。

さて、メッセージハウス作りの最初のステップです。

最初のステップでは、自由気ままに、遊びながら、思いつくことを、まずは手を動かしながら、メッセージハウスへあてはめていく、でしたね。

このお題の時に、どのような目的（太陽）、ターゲットオーディエンス（月と星々）になりそうでしょうか？

一番伝えたいキーメッセージ（屋根）や、伝えていきたいメッセージ（柱）などが先に埋まっても、まったく問題ありません。

とりあえず、面接官に強調したい事実や数字、エピソードなどのエビデンス（土台）を並べ始めてみてもOKです。

目的（太陽）は、もちろん、「面接に合格すること」ですね。

ターゲットオーディエンス（月と星々）は、もちろん「面接官」。

ここまでは今回、簡単に埋まりそうです。

キーメッセージ（屋根）はどうしましょうか？

自分を合格させてほしい、でもいいですし、もっと主体的に、合格したい、でもいいですが、ちょっと自分本位すぎて、ターゲットオーディエンス側の都合をふまえていない気もしますね。

自分の目的だけでなく、ターゲットオーディエンスの、会社にとって適切な人材を選びたいとの都合もふまえれば、例えば「自分は募集ポジションにぴったりの人材だ」くらいではいかがでしょうか？

ここも突き詰めれば、いろんなパターンが考えられそうですが、まずは自由気ままに、ということで、良い加減で先に進んでみましょう。


ここで、少し手が止まってもいいと思います――。

――この「自分は募集ポジションにぴったりの人材だ」を支える柱であるメッセージ（トーキングポイント）は、どんなものになるのか？

もしかしたらすぐには出てこないかもしれません。

でもまったく問題ありません。

先にエビデンス（土台）として思いつくところを埋めてみましょう！

エビデンス（土台）は、ここまで見てきた目的やターゲットオーディエンス、キーメッセージをふまえた上で挙げてみてもいいし、これらをふまえず、自分の強みやアピールしたいことを勝手に挙げていってもいいと思います。

全体の整合性や調整は、後のステップでどうにかなります。

まずは発散です。

自由気ままに、遊びながら、挙げてみましょう。

例えば今回は、「海外勤務経験あり」、「営業目標50％増の達成経験あり」、「体力に自信あり」、「やる気は負けない」、「映画サークルに所属経験あり」、「三人兄弟の末っ子」、「人と話すことが好き」、「温泉・サウナが趣味」などなど、他の要素とどのように関連するの

か、最初のステップの時点ではわからないモノも含めて挙げてみました。

これで全然、問題ありません。

以上の作業をしてみたメッセージハウスが上図です。

さて次はステップ2です。他の要素との関連を、相乗効果を考えながら検討してみて、すべての要素を埋めてみる段階です。

今回はキーメッセージとエ

ビデンスの要素は見えてきたけれど、それらをつなぐ柱であるメッセージ（トーキングポイント）がまだ設定できていないパターンです。

ここで、自由に挙げてみたエビデンスの中で、目的やターゲットオーディエンス、キーメッセージに関連がありそうなモノを土台にして、柱となるメッセージを作ってみることにします。

「営業目標50％増の達成経験あり」というエビデンスをもとに、「営業職での実績が豊富」というメッセージが作れそうです。

「人と話すことが好き」というエビデンスからは、「人と話すことが好きなので、営業職は向いている」というメッセージを作ります。

そして「体力に自信あり」というエビデンスから、今回のように全国を行脚するような体力勝負のポジションにとって大事なメッセージである「体力に自信あり」を設定してみました。

ここでは、まだ使っていないエビデンスも消さずに残してあります。なぜならば、作業過程で新しい発想が生まれた際に、少し見方を変えれば、まだ使っていないエビデンスが

目的
面接に合格すること
ターゲットオーディエンス
面接官
キーメッセージ
自分は募集ポジションにぴったりの人材だ
メッセージ①
営業職での実績が豊富
メッセージ②
人と話すことが好きなので、営業職は向いている
メッセージ③
体力に自信あり
エビデンス
■営業目標50%増の達成経験あり
■人と話すことが好き
■体力に自信あり
■やる気は負けない
■映画サークルに所属経験あり
■三人兄弟の末っ子
■温泉・サウナが趣味
■海外勤務経験あり

生きてくることもあるからです。

検討の選択肢を増やしたり、要素間の相乗効果を生みやすい形を考えたりする上で、最初のステップでの自由さや遊び、時にユーモアなどが生きてきます。コミュニケーションの醍醐味《だいごみ》かもしれませんね。

上図が、ここまでの作業過程で仕上がってきたメッセージハウスです。

さてステップ3です。優先順位をふまえながら、モレやダブりをチェックして、全体をよりすっきりとさせるところですね。

まず、まだ使っていないエビデンスの「海外勤務経験あり」に注目して、この経験が営業関連であれば、メッセージ①に組み込む工夫をしました。「海外勤務経験あり」ではなく、「海外営業のエピソード多数」というまとめ方です。

今回は省略しますが、実際にはどのようなエピソードがあるか、欄外にでも細かく書き込んでもいいと思います。

そしてメッセージ②、「人と話すことが好きなので、営業職は向いている」の柱をサポートする事実や数字として「バイトで接客や家庭教師などを3年ほど経験」というエビデンスを新たに追加しました。

また、メッセージ③、「体力に自信あり」をサポートするために、具体的には「毎朝ランニング、フルマラソンは4時間以内、賞状多数」など、事実、数字に加えて、表彰され

たという、他者からのお墨付きについても触れてみました。

これらのエビデンスは、ただ一本の柱だけでなく、複数の柱へのサポートにもなるような工夫をしてあるので、ここに相乗効果も生まれているはずです。そして、目的やターゲットオーディエンス、キーメッセージの設定とも矛盾なく、全体として一貫性が生まれてきているはずです。

ここまでの作業結果が右図です。

ここまででひとまず、メッセージハウスの作成は済みましたが、大事なことは最後のステップでしたね。

これまでのステップを行ったり来たりしながら、解像度に応じて、より役に立つ、効果的で現実的なメッセージハウスに仕上げていく必要があります。

まずはこのざっくりとした、解像度の低い目的やターゲットオーディエンスを工夫することはできないでしょうか？

目的はもちろん、「面接に合格すること」なのですが、ターゲットオーディエンスは、ただ面接に合格すればいいという方を選びたがるでしょうか？

合格もさることながら、これまでの経験やこれからのキャリア形成と、今回のポジションとが、応募者と受け入れ側の双方にとって意味のある形でマッチしている方の方が、より望ましいと、考えるのではないでしょうか？

ですから目的はもっと両者に有益で、解像度も高めた、「面接に合格して営業職を今後も究めていく」と設定し直してみました。
この目的には「営業職を今後も究めていく」としたところに、入社後の意欲と、これまでも営業職を追究してきた経験が見えます。受け入れ側にとっても魅力的ですし、応募者は経験を売り込むことができます。

ターゲットオーディエンスも、ただ「面接官」と平たく考えるのではなく、営業職ポジションですから当然、面接にも営業部長が含まれているだろうと想定し直しました。この設定変更はもちろん、メッセージハウスの中身を語る際に想定する、ターゲットオーディエンス側の知識や経験レベルの設定にも関わってくる（つまり適切な解像度の見極めに関わる）ため、より効果的で現実的な意見交換をするための改善です。

キーメッセージも、営業に特定した形で、「自分は募集する営業職のポジションにぴったりの人材だ」に替えました。

メッセージ①の柱にも、屋根から上の解像度変更にともなって、「今後も営業として向上していきたい」との前向きなメッセージを追加しました。

関連するエビデンスには、営業関連の学会にも所属していることを追加して、キャリアとの一貫性や、プライベートでも努力している点をアピールします。


メッセージ②の柱では、「人と話すことが好き」、だから「営業職は向いている」という理由付けがやや主観的すぎるかもしれないので、ただ人が好きなだけでなく、「わかりやすく、相手目線のコミュニケーションを心がけている」ことを追加して、より営業への適性について解像度を上げる改善をしました。

そのためのエビデンスにも、家庭教師経験のエピソードとして、「教え子たちと連絡継続」を追記して、メッセージ②の柱により説得力を持たせる工夫をしました。


そしてメッセージ③では「体力に自信あり」だけでなく、営業に一般的に求められそうな忍耐力などの精神面での実績も強調できるようにしました。

エビデンスでは「1年かけた営業で成功体験」があることを挙げます。

目的
面接に合格して営業職を
今後も究めていく
ターゲットオーディエンス
面接官（営業部長を含む）
キー
メッセージ
自分は募集する営業職のポジションに
ぴったりの人材だ
メッセージ①
営業職での
実績が豊富で、
今後も営業として
向上していきたい
メッセージ②
人と話すことが好きで、
わかりやすく、
相手目線の
コミュニケーションを
心がけている
メッセージ③
心身共に健やか、
体力だけでなく、
営業に必要な忍耐力も
身に付けている
エビデンス
■営業目標50％増の達成経験あり
■海外営業のエピソード多数
■営業関連の学会にも所属
■人と話すことが好き
■バイトで接客や家庭教師などを3年ほど経験
■教え子たちと連絡継続
■体力に自信あり
■毎朝ランニング、フルマラソンは4時間以内、賞状多数
■1年かけた営業で成功体験

これらの解像度の向上と補強の結果が、上図です。いかがでしょうか？

もちろん実際には、ただ都合のよい事実が集まってくるわけではないでしょう。それでも、嘘を並べればいいというわけでは決してありませんので、現実という制約のもとに、全体と部分の最適化をしていく必要があります。あくまで模範解答例として、ご理解いただければと思います。

ここまで、メッセージハウスの作り方を、考え方や順番、作成作業のイメージを通して紹介してきました。

もちろん紹介してきた順番でなくても、エイヤっと完成版を作れれば問題ないし、一人ではなく複数人で議論しながら要素を埋めていくような作業でも、よいメッセージハウスが出来上がると思います。

「説明」に関わる大切な要素を組み合わせる作業を、シンプルな形で、ハウス（家）を建築していくイメージとして捉える、このわかりやすさや使いやすさが、メッセージハウスを世界標準の説明力を発揮するツールとして広めているのだと思います。

どうぞ自由に、良い加減に、使っていただければと思います。

次章では、説明事項として準備したメッセージハウスを実際のコミュニケーションの場面ではどのように棚卸しすればよいのか、メッセージハウスの活用法、「説明」の順番に関わる考え方を紹介していきます。

活用法を確認することで、メッセージハウスのよさがさらに実感できると思います。

CHAPTER 3

「メッセージハウス」を使って説明する方法

メッセージハウスを活用した説明法

「説明」というコミュニケーションの構造というものは、国境や国籍、ある言語や文化すらも超えたところで、人にとって共通の部分がある。

そして日本国外で開発され、実際に著者が活用している構造であるメッセージハウスは、世界標準の説明力を生むと紹介してきました。

さらにそれは、逆ピラミッド型、ＰＲＥＰ法、ＳＤＳ法などの代表的な「説明」に関わる、よく知られた構造のよさを持ちつつ、これまで見てきたような「説明」の大切な要素もふまえていると述べました。

その凄みをここから、確認していきます。

逆ピラミッド型の論理構造への対応

よく知られている構造、フレームワーク、メソッド、整理法の代表的な例は、逆ピラミッ

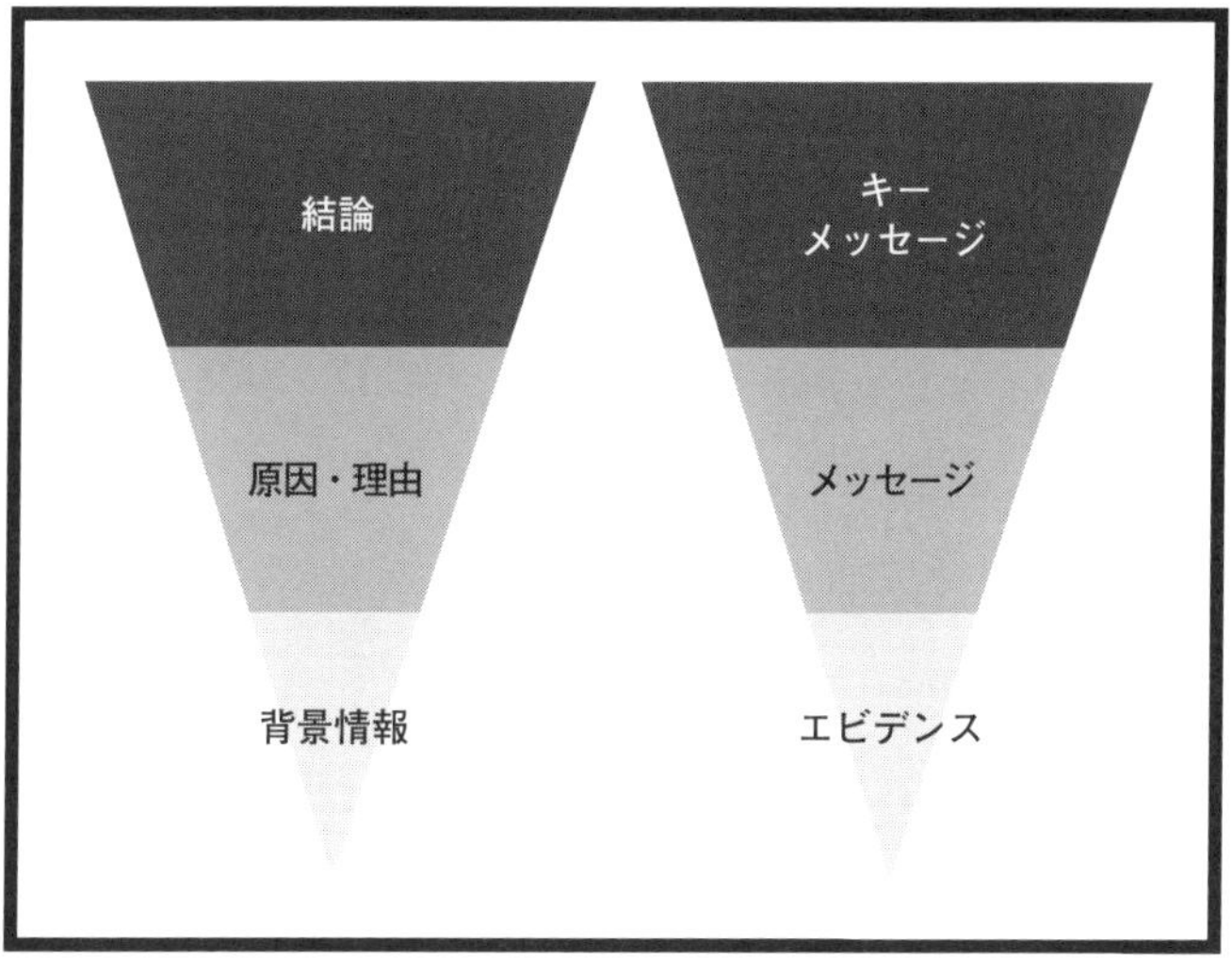

ド型の論理構造（別の言い方では、逆ピラミッドの法則、逆ピラミッド型の情報伝達など）でしたね。

「説明」の際に、あれこれの背景情報があって、原因や理由があるから、結論としてこう、という並べ方がピラミッド型です。

そして、一番大事な結論を先に述べて、その原因や理由を述べてから、背景情報などを伝えるのが逆ピラミッド型です。

図で見るのが早いです。

もうお気づきの方も多いかと思います。

逆ピラミッドと、逆ピラミッドにメッセージハウスをあてはめたものを比べると、前頁の図のようになります。

――はい、上からの順番は同じですね。

逆ピラミッド型では、結論を述べて原因・理由に触れ、そして背景情報を伝える「説明」を想定します。

メッセージハウスを使う際に逆ピラミッド型をふまえるならば、まずキーメッセージを伝えてからメッセージ、そしてそれらのエビデンスを伝えることになりますね。

前章の練習で出来上がったメッセージハウス（左図）を振り返ってみましょう。

この場合であれば、まず、キーメッセージとして、「私は今回募集されている営業職の人材として、ぴったりだと思っています」という「説明」から始めます。結論ファーストですね。

目的
面接に合格して営業職を今後も究めていく
ターゲットオーディエンス
面接官（営業部長を含む）
キーメッセージ
自分は募集する営業職のポジションにぴったりの人材だ
メッセージ①
営業職での実績が豊富で、今後も営業として向上していきたい
メッセージ②
人と話すことが好きで、わかりやすく、相手目線のコミュニケーションを心がけている
メッセージ③
心身共に健やか、体力だけでなく、営業に必要な忍耐力も身に付けている
エビデンス
■営業目標50％増の達成経験あり
■海外営業のエピソード多数
■営業関連の学会にも所属
■人と話すことが好き
■バイトで接客や家庭教師などを3年ほど経験
■教え子たちと連絡継続
■体力に自信あり
■毎朝ランニング、フルマラソンは4時間以内、賞状多数
■1年かけた営業で成功体験

そしてメッセージとして、「理由は大きく3つほどあります。まず1つ目は、営業職としての実績が豊富です。また、営業の仕事を今後も続けて、もっと営業担当として向上していきたいと考えています」と説明する流れでしょうか。

そして「例えば、前職では営業担当として目標の50％増を達成しました。また、海外勤務時代の営業では、日本人としていろんな町の方々と個人的にもお付き合いさせていただいて、現地コミュニティでも営業をしている日本人としてちょっとした有名人にもなりました。プライベートでも営業関連の学会に所属しながら、実務をふまえた発表や研究を続けています」などのエビデンスを紹介したら、とても説得力がありますし、自然ではないでしょうか？

メッセージ②と③はここでは割愛しますが、世界標準の構造として代表的な逆ピラミッド型の論理構造は、メッセージハウスを使うことで、見事に達成できそうです。

ＰＲＥＰ法への対応

ＰＲＥＰ法は、Ｐがポイント・要点・結論、Ｒは理由、Ｅは例、最後のＰはまた、ポイント・要点・結論でしたね。

ポイント・要点を最初に述べて、その理由、例になるような事実、データ、数字、エピソードなどを紹介した後に、最後にまたポイント・要点を繰り返すことで、Ｐを強調して、記憶に残すようにする方法です。

ＰＲＥＰ法を図示したものと、そこにメッセージハウスをあてはめたものを比べると、

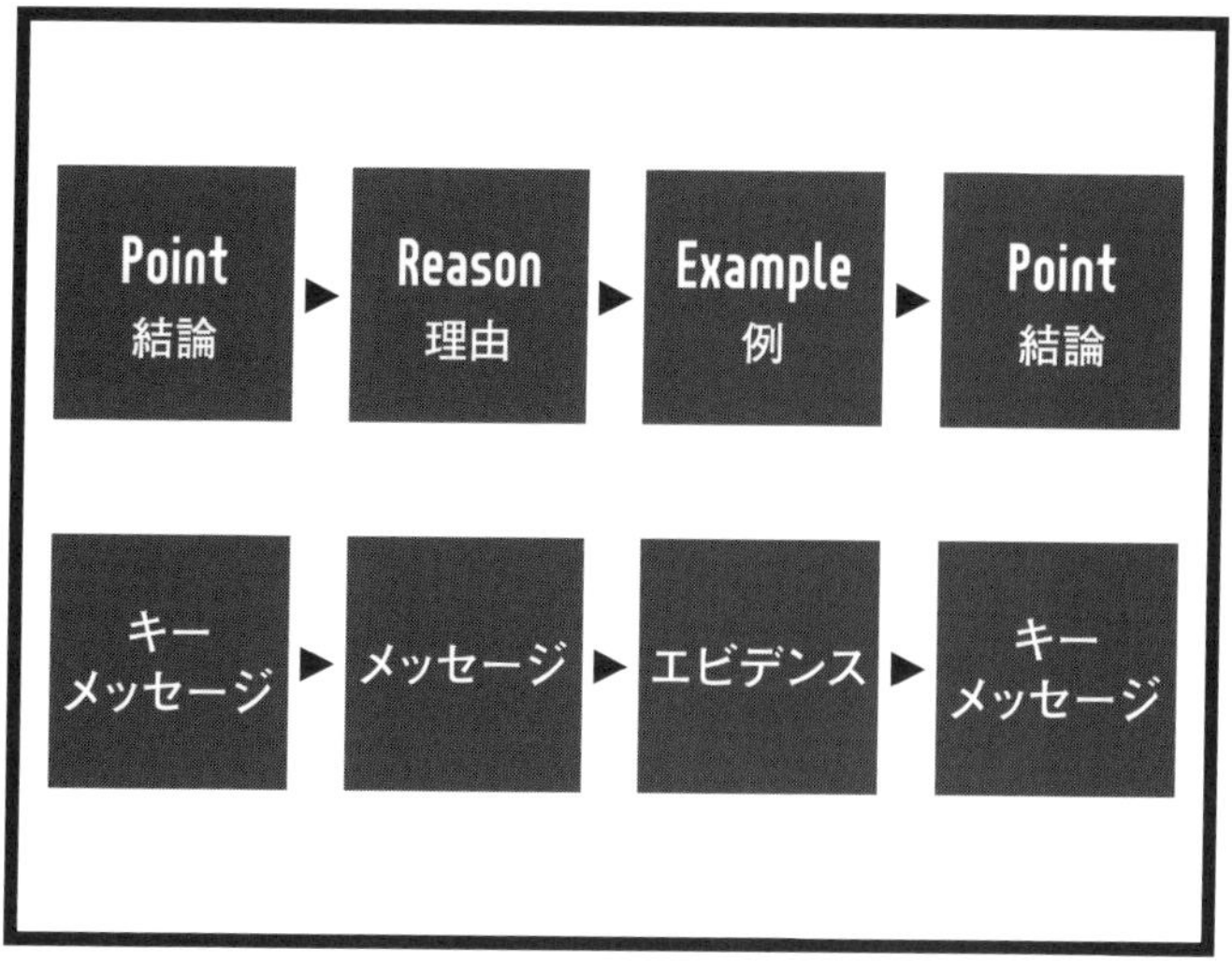

上図のようになります。

メッセージハウスの順番では、屋根がある上から、土台がある下へ、最後にまた屋根がある上への順番になりますね。

前章の練習の成果をもとに、PREP法をメッセージハウスを使って実践してみましょう。今度は、メッセージ②を使ってみます。

最初はキーメッセージとして、「自分は募集されている営業職のポジションにぴったりの人材だと思います」と結論（P）を述べます。

そして、メッセージとして、「人と話すことが好きですし、特にわかりやすくて、相手目線のコミュニケーションを心がけています」と、理由（R）が来ます。

例えば、としてエビデンスである「人と話すことが好きで、以前はバイトで接客や家庭教師などを3年ほど経験してきました。ちなみに、当時の教え子たちとは、いまも連絡を取り合っています」と例（E）を紹介します。

そして最後は「ですから、今回の募集で求められているような営業業務を担当する者として、私はとても合っていると考えます」と、キーメッセージに戻り、結論（P）を繰り返すことができそうですね。

いかがでしょうか？　PREP法がいまや、メッセージハウスの一部のようにも思えるのではないでしょうか？

SDS法への対応

SDS法は、Sが要約・概要、Dが詳細、そしてまたS（要約・概要）がまとめとして最後に来るという構造でしたね。

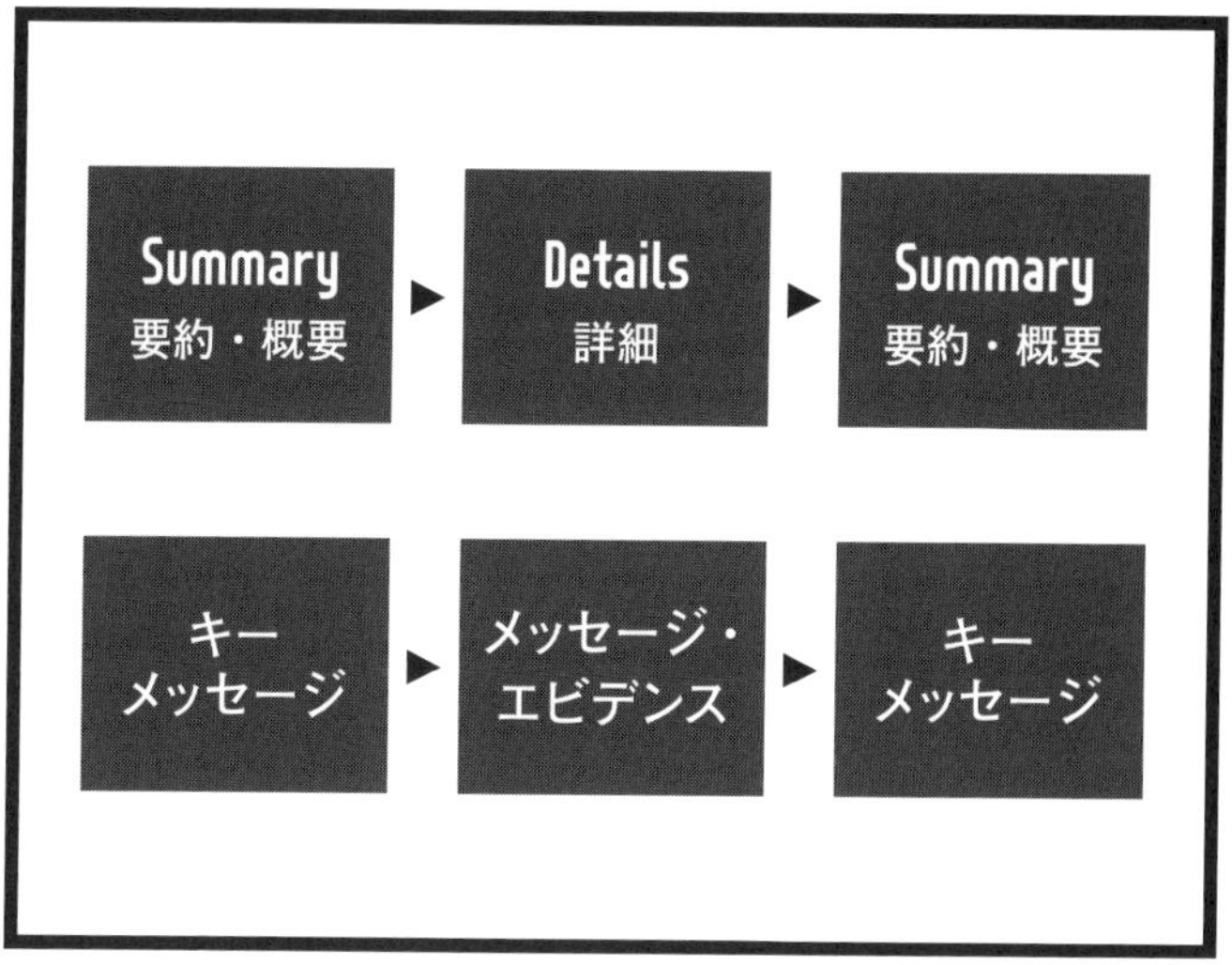

さきほどのPREP法よりも、Dの詳細に関する部分が自由な構造なので、ポイント・要点・結論や要約・概要にまして、理由や例・証拠も含めた詳細に比重が置かれていると、紹介しました。

SDS法を図示したものと、メッセージハウスをSDS法にあてはめたものを比べてみたのが、上図です。そろそろダメ押しになりますね。

念のため、練習の成果のメッセージ③を使って、シミュレーションしておきます。

やはり最初はキーメッセージとして、

「今回の営業職募集に対して、私という人材はたいへん適任だと感じている」と、要約・概要、つまり、まとめや結論にあたる部分（S）を伝えます。

「なぜならば、私の強みは、心身共に健やかであるからです。営業に必要な忍耐も身に付いていています。例えば、体力に関して言えば、毎朝ランニングを続けています。フルマラソンなら4時間以内に完走できますし、大会などでの賞状なども多くいただいてきました。精神力も大事だと思っていて、以前は準備から成約まで、1年をかけた営業が実を結ぶまで、やりきりました」など、メッセージにエビデンスを加えた詳細（D）を伝えます。

最後は例えば、「以上のことから、今回の募集ポジションであれば、私がお役に立てる部分が多いと考えました」などとキーメッセージを繰り返して、要約（S）します。

このように、SDS法に関しても、メッセージハウスを使えば対応できそうですね。

以上のように、世界標準で、有名で人気もある、逆ピラミッド型の論理構造やPREP法、SDS法などの「説明」に際しての構造、フレームワーク、メソッドは、メッセージハウスで対応が可能です。メッセージハウスで情報を整理してさえおけば、実際の説明の場面では、３つのメソッドのどれを選ぶか、言い換えるなら伝え方の順番の工夫に注力できます。

では、紹介した有名な伝え方の順番の3メソッドについて、実際にはどれを採用するのがよいのでしょうか。

逆ピラミッド型よりもＰＲＥＰ法やＳＤＳ法の方が、結論やキーメッセージを繰り返す点で、「説明」の受け手にとって親切な構造だと思います。

ＰＲＥＰ法の方がＳＤＳ法よりも、メッセージからエビデンスへの流れをより意識したり、複数のメッセージを扱おうとしたりする点で、「説明」が長くなる傾向があると思います。

一方で、ＳＤＳ法の方がＰＲＥＰ法よりも、シンプルで、「説明」が短くなる傾向はあると思います。

場面に応じて、使い分けられると理想的です。

ピラミッド型の論理構造への対応

ただここで注意が必要です。

本書は、世界標準とはいえ、海外から輸入したフレームワークがおすすめで、日本人になじみがある、ピラミッド型の構造（背景情報、要点、結論の順に「説明」）はおすすめしない、と主張しているわけではありません。

CHAPTER 1で逆ピラミッド型について説明した時、ピラミッド型については簡単に触れただけですが、実はこのピラミッド型、日本では逆ピラミッド型よりも好んで用いられている気がします。

例えば「これはこうで、あれはああで……なので、こうした方がいいと思うのですが」という説明は、日本のビジネスシーンではありがちだと思います。これは結論が最後に来るピラミッド型です。一方、私もこれまでの経験上感じるのは、特に米国では結論ファーストの説明が基本となっていることです。ピラミッド型の説明はあまり耳にしませんでし

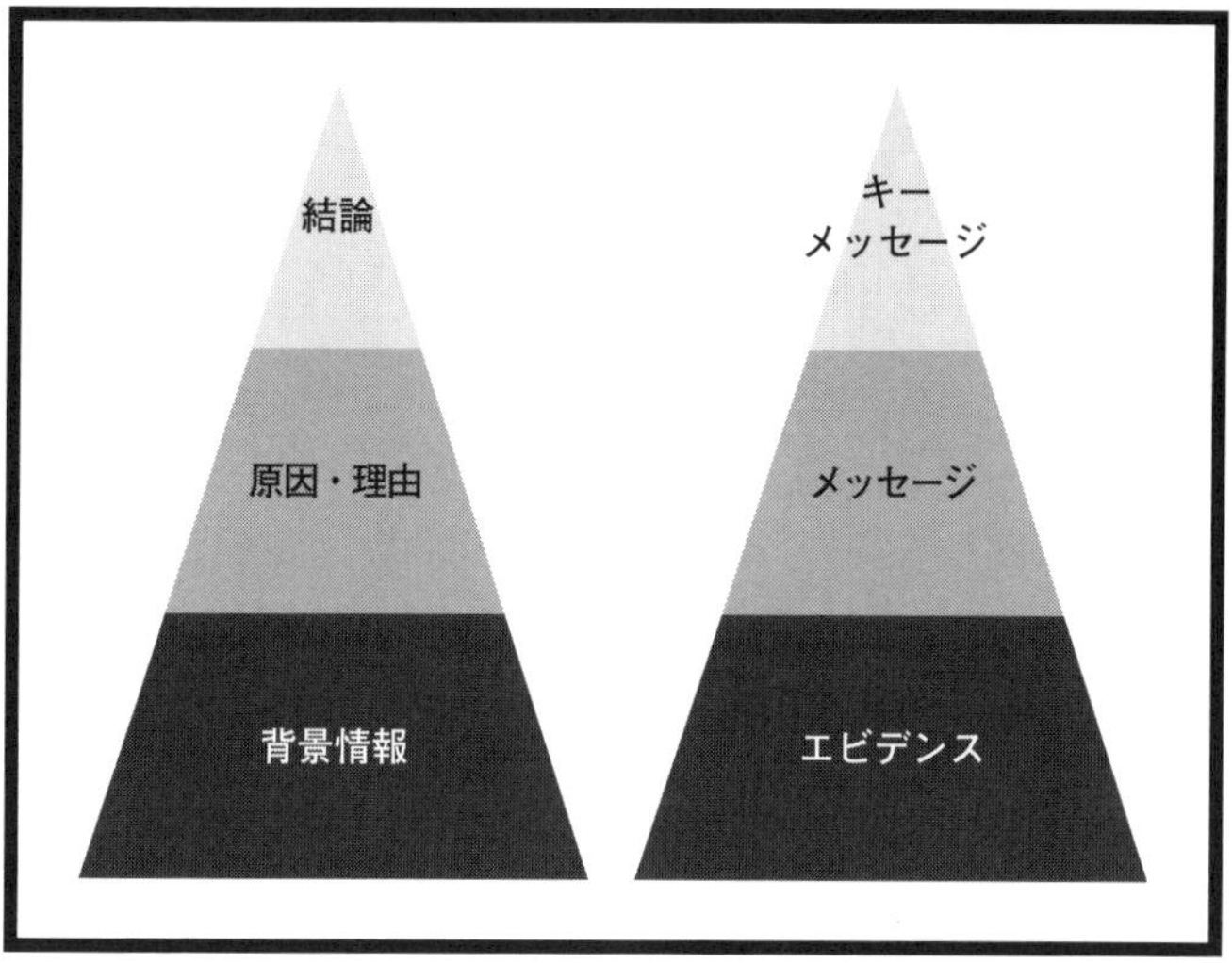

た。

これは、米国では、直接的で、話の文脈に依存しないコミュニケーションが好まれて、日本では逆に、間接的で、話の文脈に依存するようなコミュニケーションが好まれるという、よく知られた傾向と関係する話かもしれません。説明においても背景情報を先に並べるというのには、日本人の文脈志向が表れているのかもしれません。

とにかく、言語や文化によって、なじみがあったり、適切と思われたりする「説明」の順番や話し方などは、違ってきます。

本書にとって大事なことは、逆ピラミッド型やＰＲＥＰ法、ＳＤＳ法などの構造だけでなく、日本でなじみのあるピラミッド型の構造にも、メッセージハウスは対応できるという点です。

いわゆる、洋の東西を問わず、メッセージハウスは活躍できそうです。

土台から屋根に向かって、エビデンス、メッセージ（トーキングポイント）、キーメッセージの順番で説明する際にも、メッセージハウスを使えば、一目瞭然ですね。

ピラミッド型と、ピラミッド型にメッセージハウスをあてはめたものが前頁の図です。

説明の目的別にメッセージハウスを活用する

さてここからは、「説明」をベースにした「説得」、「交渉」といった応用的なコミュニケーションの際に、どのようにメッセージハウスを使うのかを見ていきましょう。

「説得」への対応

復習ですが、「説明」と「説得」の違いはなんでしょうか――?

――はい、そうです。

「説明」はメッセージの受け手が、認知して、理解するところまでを目的としていて、「説得」はさらに、受け手が行動するところまでを目的としていましたね。

「説得」には少しコツがいると思います。

「説明」を重ねることで、受け手が行動を起こそうとするところまで、メッセージの受け手を誘導する必要があります。

例えば、3つのメッセージの1つひとつが、理解にいたるために十分なものだとしても、行動を起こすためには、いかに行動を起こしていない現在と、行動を起こした未来に差があるかを、受け手にしっかりと伝える必要があります。

行動を起こす「説得」には、大きく3つのステップがあると思います。

まず、どのような行動が必要で、それがどのような効果があるかについての「説明」。次に、その行動を起こさないことの悪い面と、起こした時のよい面についての「説明」。そして最後に、その行動を起こすために必要な準備と、行動を起こすためのきっかけについての「説明」です。

ではここで、12ページで挙げた説明場面の例から、本書でまだ活躍していなかった例を使ってみます。「和食店で、日本語がわからない方に英語で、メニューの特徴を『説明』する」イメージ例です。

もう少し、このイメージ例を詳しく設定してみます。

例えば、旅行で日本に来ている外国人の方に、ガイド役が納豆の特徴を英語で「説明」

して、食べてもらうために「説得」してみます。

まずは「説得」の最初のステップです。必要な行動と、その効果についての「説明」です。例えば、次のような感じでしょうか。なお、あくまで「説得」の構造を可視化することが目的なので、ここでは「英語で」説明するということはいったん無視して、日本語で記述していきます。以降も同様です。

「日本にいらしたのであればぜひ、納豆を食べてみてください。納豆は発酵食品で、体にとてもいいんですよ。大豆なので、たんぱく質が豊富で、コレステロール値を下げる効果もあるんです。」

次は、納豆を食べないとどのようなマイナス面があるかと、食べることのプラス面の「説明」です。

例えば、

「外国人の方にとって、納豆は日本食の中でも特に、避けられやすい食べ物だと思います。確かに見た目はネバネバしているし、においも発酵食品特有のもので、人によっては、腐っているような印象を持ちやすいかもしれません。でも食べてみれば、独特の食感や風味があって、美味しいですよ。納豆を食べる前に、納豆をお箸でかき混ぜて、よりネバネバさせたりする準備は、とてもユニークです。また食べながら、口やお箸から伸びる糸を巻き取ったり、切ったりするしぐさも、納豆を食べる時に独特のものですから、とても印象的な思い出になると思います。旅行中に食べないで帰ると、少し損した気分になると思いますよ。あとさきほど言ったように、栄養満点で、ヘルシーですしね。」

といった具合に、説明を展開します。

そして最後のステップとして、納豆を食べるための準備と、食べるきっかけについての「説明」はこうまとめてみます。

「納豆を食べたかったら、スーパーで買ってホテルで食べることもできますし、外食

チェーン店の○○などでも、とてもお手頃な値段で注文することができます。食べようと思えば、すぐに食べられますよ。どうですか、明日の朝は、ホテルから徒歩5分の場所にある駅前の○○で、納豆を食べてみませんか？　もちろん、私のおごりです！」

いかがでしょうか？

「説得」の場合、メッセージハウスを構成する3つのメッセージは、どこから伝えてもいいわけではありません。

3つのメッセージは順番に伝える必要があります。メッセージハウス作成時に、メッセージ①から②、②から③へと、順番を想定しておきましょう。

今回の流れをメッセージハウスの形で図示したものが前頁の図です。

メッセージ①から②、②から③へと、メッセージの間に順番（矢印）があるメッセージハウスです。

認知と理解までを目的とした「説明」のようにメッセージを列挙しただけでなく、行動までを目的とした「説得」では、メッセージ（トーキングポイント）の間に順番を想定した上で、メッセージハウスを準備すればよいのです。

このように、メッセージハウスは「説明」だけでなく、「説明」をベースにした「説得」

にも活用可能な構造です。

そしてもちろん説明、説得のみならず、さらに複雑なやりとりになる「交渉」や「和解」でも活用が可能なのです。

では次は、「交渉」でのメッセージハウスの活用法を見ていきましょう。

「交渉」への対応

ここでもまず、復習です。

「交渉」とは、どんなコミュニケーションだったでしょうか――?

「交渉」とは、「説明」が「説明」を呼び、質問やコメント、提案、「説得」なども入り交じって、相手に理解してほしいこと、行動してほしいことを伝え合うようなやりとりでした。

伝え手と受け手が、自らの望むモノを手に入れるために、コミュニケーションをすること、と本書では定義しました。

今度は、「和食店で、日本語がわからない方に英語で、メニューの特徴を『説明』する」イメージ例を、違う方向に膨らめてみます。

例えば、お寿司ばかり食べたがる外国人の友人に、たまにはすき焼きにしようと英語で提案するケースを想定してみます。

この場合は、外国人の方はお寿司に行きたい理由を「説明」して、日本人の友人が寿司屋に行くように「説得」します。

日本人の友人は、たまにはすき焼きを食べたい理由を「説明」して、外国人の友人がすき焼きを食べるように「説得」します。

例えばまず、外国人の方から次のような「説得」があったとします。

「今日もお寿司屋で食べましょう。お寿司はいつでも、何かの食材が旬ですから、一年中お寿司ばかりでも私は大丈夫ですよ。春はカツオやアジ。夏はスズキやカンパチ。秋はサンマやサバが旬だそうです。いまは年末で冬ですから、中トロやエンガワ、あと、私が好

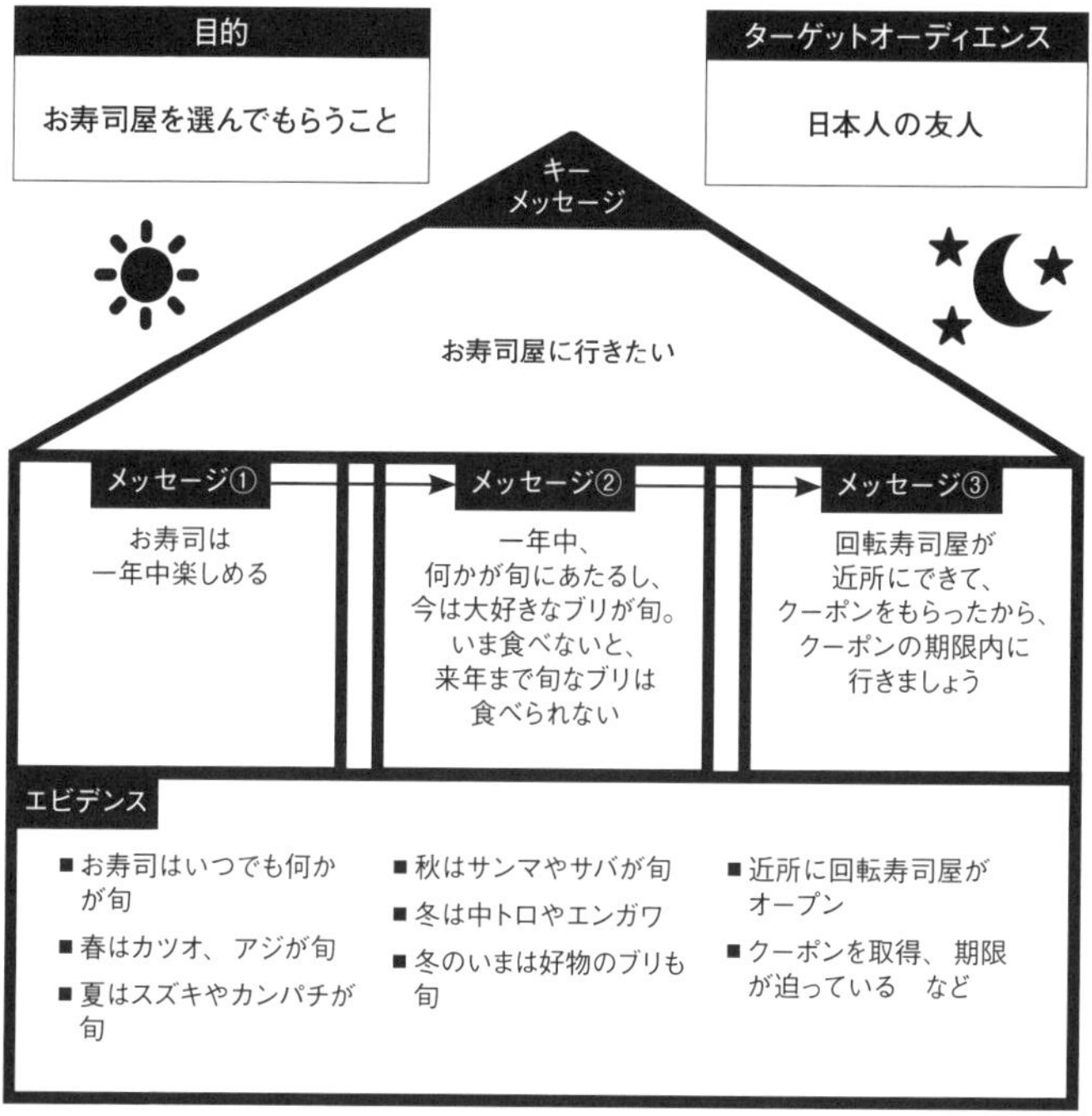

物のブリも旬です。旬のブリはいま食べないと、また来年まで旬を逃すことになります。ちなみにこの近所に、素敵な回転寿司屋さんがオープンしたようです。先日、クーポンが届いていました。期限は1月7日までだから、早く行かないと。」

「説得」のステップ①から③までを続けてイメージしてみました。メッセージハウスに落とし込むなら、上図のようなものになりそうでしょうか。

この「説明」をベースにした「説得」を受けて、日本人の友人は、お寿司の代わりにすき焼きを提案します。こんな具合はいかがでしょうか？

「またお寿司ですか？　今日は、すき焼きにしませんか？　すき焼きだって一年中、楽しめますよ。すき焼きだって、外国人の方には人気の日本食ですしね。もちろん、美味しいですし。あと、日本の年末には、風習として、すき焼きを食べることが多いです。なので、年末の今日だからこそ、すき焼きを食べたい。じゃないと年末らしくない気がします。すき焼きの具材は地域によってさまざまだったりもします。お寿司はお寿司屋さんで食べないと、旬のよい素材が手に入りにくかったりしますけど、すき焼きならいろんな食材をスーパーで買って、作って食べられますよ。この季節に外食をしようとすると混んでいて、入れなかったりもします。でも食材をスーパーで買って、自宅で作れば、もっとゆっくりできますよ。」

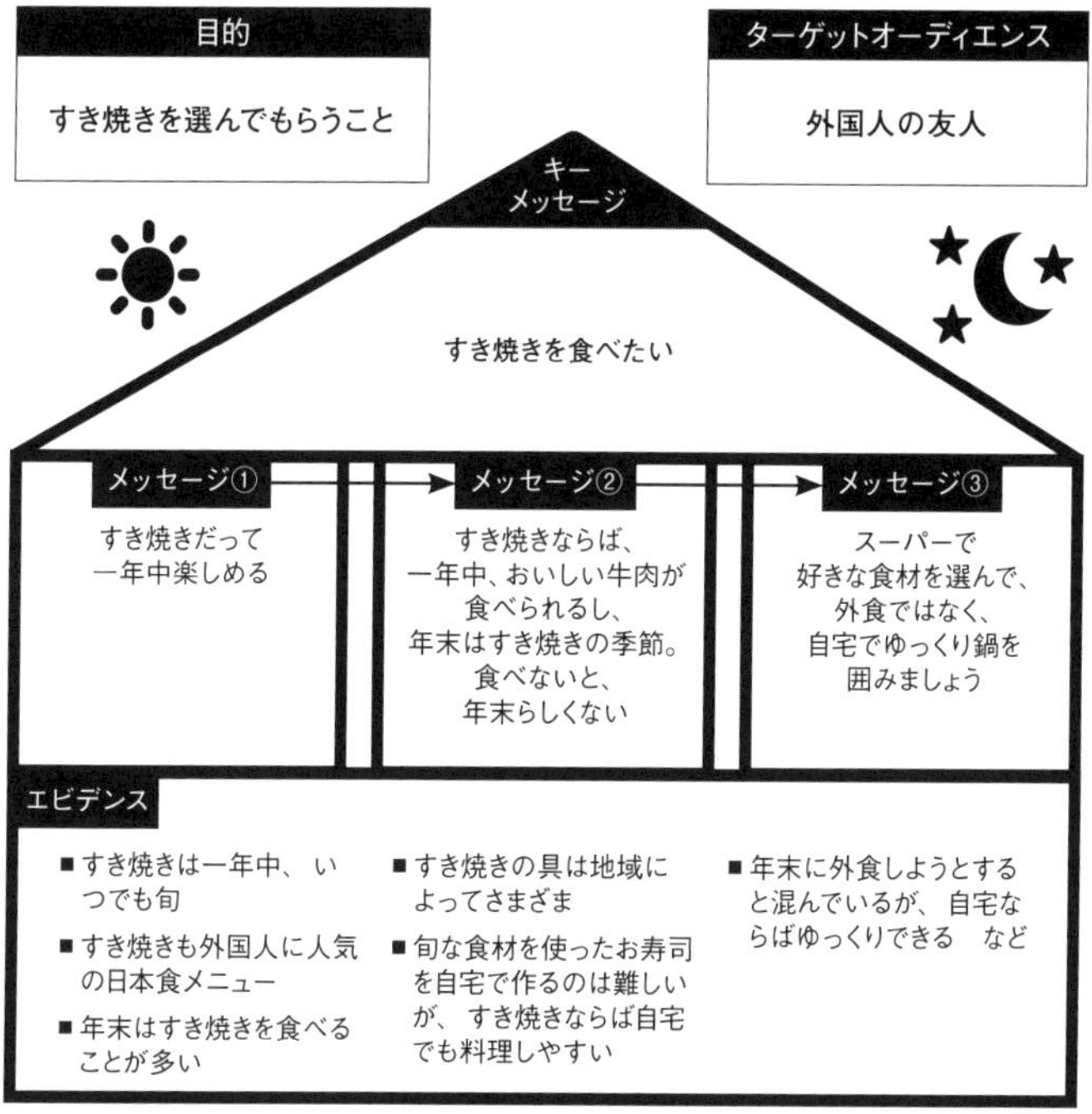

この「説得」の特徴は、相手の「説明」や「説得」を受けて、それらをふまえた上で「説明」や「説得」をしている点です。

意見を出し合ったりする「話し合い」や「議論」でもありますし、もっと相手の意見に反論する姿勢が強ければ、「討議」や「論戦」にもなります。

そしてこのようなやりとりの末に、なんらかの理解にいたり、行動を起こすことを目的とするコミュニケーションが、「交渉」でした。

このやりとりをメッセージハウスに落とし込むならば、前頁の図のようになります。

このメッセージハウスは「交渉」で、相手の「説明」や「説得」を受けてから、こちらの「説明」や「説得」をまとめたものです。

実際にメッセージハウスを準備したり使ったりする際は、自分のものを適宜アップデートする、余白にメモを書き足す、新しいハウスを作り直すなどの対応が必要になりますね。

また、相手の「説得」をメッセージハウスにあてはめてみるような作業もよろしいかと思います。

ここで1つ、すでに気になっている方の気持ちを代弁したいと思います――。

――いつ、メッセージハウスを作ればいいのだろうか？　そんな暇はあるのか？

――「説明」、「説得」、「交渉」をする時に、いつも準備したメッセージハウスが手元にあるとは限らないのではないだろうか？

――メッセージハウスを準備してあっても、書いていないような方向性に話がブレたり、新しい情報が入ってきたら、準備してあったメッセージハウスはもう、使えないのではないか？

――メッセージハウスを準備したり、更新したりするような時間も場所も、道具もないことがほとんどではないだろうか？

などなど……。

当然の疑問ですし、あえてここまで、触れてきていない問題です。

この点については後ほど触れる予定です。

著者なりのおすすめはありますが、解決策は簡単、かつ自明ですね。ヒントは、メッセージハウスが世界標準として普及している、その理由にあります。

いったん先に進ませてください。

さて、確認事項です。

「交渉」の結果には4つのパターンがありました。
AさんとBさんとの間の「交渉」だとしたら、

Aさんは満足したけれど、Bさんは不満足。
その逆で、Aさんは不満足だけれど、Bさんは満足。
双方が不満足。
そして、AさんもBさんも満足した結果。

言い換えれば、

AさんがウィンでBさんがルーズの、「ウィン・ルーズ」のパターン。
AさんがルーズでBさんがウィンの、「ルーズ・ウィン」のパターン。
AさんとBさんが双方ともルーズの、「ルーズ・ルーズ」のパターン。
AさんとBさんが双方ともウィンの、「ウィン・ウィン」のパターン。

このような「交渉」の結果の中から、双方にルーズがない「ウィン・ウィン」を目指していくようなコミュニケーションを、本書では「和解」と分類していました。

次は、この「和解」のために、メッセージハウスを使ってみましょう。

「和解」への対応

お寿司とすき焼きとの仁義なき戦いはどこまで続くのか——。

——と思いきや、外国人の方とも、日本人の友人ともなく、「交渉」が「和解」を目指して進み始めました。

両人「……ん？　そうか、年末年始にお寿司もすき焼きも両方食べればいいのか！」
外国人の方「なるほど、よく考えたら、お寿司かすき焼きか、どちらか一方しか選べないわけではないし、選ぶ必要もないね。」
日本人の友人「そうだね。年末年始の期間に、両方食べればいいわけだし。」
外国人の方「お寿司もすき焼きも、両方とも一年中いつでも旬のものが食べれるし、年末年始に食べるものとしては、どちらもふさわしそうだね。」

目的
お寿司とすき焼きの
両方を食べること
ターゲットオーディエンス
日本人の友人、
ないし、外国人の友人
キー
メッセージ
年末年始にお寿司もすき焼きも両方食べよう
メッセージ①
お寿司かすき焼きか、
どちらか一方を選ぶ
必要はない
メッセージ②
年末にすき焼きを
自宅で食べて、
年始にお寿司を
回転寿司屋で食べれば、
安上がりだし
クーポンも期限内
メッセージ③
スーパーも
回転寿司屋も近所だし、
急がなくても
両方食べられるから、
言い争わずに、
平和な年末年始を
エビデンス
■いまではなく、年末年始で考えれば片方に限定せずともよい
■クーポンは年始でもまだ期限内
■自宅からの距離はスーパーも回転寿司屋も遠くない
■年始にお寿司を食べることも多い
■年末年始はなにより平和に過ごしたいことが一番の望み　など

日本人の友人「はい。クーポンの期限は1月7日だから、年末じゃなくても年始に、そのオープンしたばかりの回転寿司屋に行けば問題ないね。あと、回転寿司屋もスーパーも、私の自宅から遠くないから大丈夫。」

外国人の方「確かに。これで両方の願いが叶《かな》うわけだし、特に言い争う必要もなさそうだね。」

日本人の友人「年末年始なんだから、料理も大事だけど、平和が一番だったりして。」

外国人の方「まったくその通り。」
両人「それはそうとして、お腹空いた……。」

という感じに、めでたしめでたしにしてみました。メッセージハウスで表現するなら、右図のような感じでしょうか。

実際に「和解」を目指す際には、これまでの「交渉」の経緯などをふまえた上で、白紙のメッセージハウスにウィン・ウィンとなるような状態を考えだして、埋めていけばいいと思います。

和解は、実際には難しいことでしょう。決裂も多いでしょう。しかしながら、今回の和解にいたる例は、ずいぶんほのぼのとさせていただきました。ただこれを、非現実すぎる想定とも思っていません。

往々にしてお互いが緊張している時ではなく、「おもしろさ」や「遊び」、そして、だらしなさとは言わずとも、どこかに「良い加減」な空気や気持ちが漂う時に、意外とあっさりと、「和解」が実現したりする経験はありませんか?

私がメッセージハウスという構造を気に入っている1つの理由は、ハウスという、存在として、見た目として、ほのぼのしたところだったりもします。

メッセージハウスを使いこなすために

さてここまで、メッセージハウスをどのように使うかを、目的のタイプ別に見てきました。まとめます。

「説明」では、メッセージを特に順番には関係なく列挙しておいて、逆ピラミッド型やPREP法、SDS法、ピラミッド型などを意識しながら、キーメッセージを伝えるためのイメージを持つための、メッセージハウス活用法を紹介しました。

「説得」では、メッセージの順番を設定することで、キーメッセージを伝えるためのイメージを作る際の、メッセージハウス活用法を紹介しました。

「交渉」では、相手のメッセージを受けて、こちらのメッセージハウスをイメージしていくような、メッセージハウスの活用法を紹介しました。

「和解」では、伝え手と受け手の双方にとって有益になるような状態を目指して、白紙のメッセージハウスに理想を埋めていくイメージで、メッセージハウスを活用することを紹介しました。

さてここで、さきほど回答を待っていただいた疑問に、向き合っていきたいと思います。

――メッセージハウスをいつ作ればいいのか？

言い換えれば、――メッセージハウスは準備しないと使えないのか？

この質問に答えるなら、まとめに何度も登場した言葉が、筆者の回答です。

それは、イメージです。

メッセージハウスは、いつも紙の上にあるものではありません。イメージの中で組み立てるものです。

頭の中にメッセージハウスのイメージをインプットする

メッセージハウスの使い方としては、メッセージハウスやその要素を、頭の中でなんとなくイメージできることが理想的だと思います。

もちろん、資料を準備する時間があったり、文章におこす手段・様式を採用したりする場合には、手元に完成させたメッセージハウスを置いておくのもいいでしょう。あるいは空欄のメッセージハウスを準備しておいて、途中でそこにメモをとりながらコミュニケーションに臨むのでもいいと思います。

ただ多くの「説明」は、道具を手にしない口頭だったり、準備や整理をする間もなくやりとりが連続していったりすることがほとんどです。

まずは、手元に準備できないケースを想定して、メッセージハウスの考え方や準備の仕方、使い方をふまえながら、頭の中でメッセージハウス自体や、その必要な要素をイメージできるようになることが目標だと思います。

この本では、メッセージハウスはとてもシンプルで、だからこそ有効で、世界中で多くの組織に採用されていると紹介しました。

シンプルさが強みです。シンプルだから、視覚的なイメージとして、また、要素ごとの関係性のイメージとして、メッセージハウスを頭の中で活用することを可能にするのだと思います。

身もふたもないことを言うのであれば、慣れです。

慣れましょう。

ここまでは、メッセージハウスを準備して活用するためのヒントを見てきました。メッセージハウスを使って思考・会話を棚卸しする流れは、ここまでで説明した通りです。これを使いこなすレベルにまで高めるには、やはりどうしても、慣れが必要だと思います。

そこで巻末に「メッセージハウス準備のためのチェックリスト」を用意しました。ぜひチェックリストも活用しながら、メッセージハウス作りに慣れていってください。

一方で、作ることだけが、メッセージハウスに慣れる方法ではないと思います。コミュニケーションの相手や第三者のコミュニケーションを、メッセージハウスにあてはめてみることも、とてもよい練習になると思います。

メッセージハウスをイメージすることに慣れている方は、メッセージを伝える時だけでなく、受ける時も、メッセージハウスをイメージできるのではないでしょうか。

というよりもぜひ、メッセージを受ける時にも、メッセージハウスや、その要素をイメージしてみてほしいです。メッセージハウスをイメージしながら整理すると、おのずと相手の主張もクリアに見えてきます。説明を「聞く」、「受け取る」のにも、メッセージハウスは有効なのです。

次章では、有名なスピーチやメディア作品に登場する会話を、メッセージハウスにあてはめて紹介してみたいと思います。

メッセージハウスの読解編です。

CHAPTER 4

「メッセージハウス」で相手の説明を読み解く

本書はここまで、メッセージハウスの要素を知り理解することにはじまり、準備して、活用することを学んできました。

前章で見たように、メッセージハウスは、実際には頭の中でイメージすることが多いと思います。

この章では「説明」や「説得」、時に「和解」の力を発揮するようなよく知られたスピーチやセリフを使って、それらをどのようにメッセージハウスにあてはめることができるのかを紹介します。メッセージハウスで整理する癖を身に付けていただければ幸いです。

ジョブズの名スピーチを読み解く

まずは、アップルの創業者であり、いまなお多くの人の熱狂的支持を集めるスティーブ・ジョブズ氏が、２００５年６月、スタンフォード大学の卒業式に際して行った有名なスピーチを取り上げます。

スタンフォード大学でのスピーチに臨むジョブズ　写真：AP/ アフロ

アップルといえばCHAPTER 2でも紹介したように、まさにメッセージハウスを導入している企業です。ジョブズ氏自身がメッセージハウスを学んでいたのか、意識していたのかはわかりませんが、この後に紹介する彼のスピーチを読めば、その話は明快な構造でできていることがわかります。

映画にもマンガにもなった彼の人生は、スピーチを行った6年後に、スピーチでも触れられているすい臓がんのために幕を閉じます。

ジョブズ氏には、奇人・変人エピソードもたくさんあるのですが、「ハングリーであれ。愚か者であれ。(Stay Hungry. Stay Foolish.)」

の引用に象徴されるような冒険家精神を持つイノベーターの象徴であり、iPhone発表時のスピーチにも代表されるような、名プレゼンターとして、いまでもよく引き合いに出される人物です。

彼はアップルでの仕事以外でも、高等教育用やビジネス市場向けのワークステーションを開発・製造販売するIT企業であるNeXTを創業したり、映画・テレビ会社のアニメーション部門を買収し、映画「トイ・ストーリー」などでもおなじみの映像制作会社PIXAR（ピクサー）を立ち上げたりしました。

いまから紹介するのは、彼の複雑な生い立ちから、世間でもよく知られるようになった成功と失敗、愛と死などを織り交ぜた、感動的なものとして評価が高いスピーチです。

さて、メッセージハウスによる読解の練習です。

今回は最初の題材ですから、スピーチを一緒に読み進めながら、メッセージハウスを徐々に埋めていきましょう。

世界でもっとも優秀な大学の卒業式に同席できて光栄です。私は大学を卒業したことがありません。実のところ、きょうが人生でもっとも大学卒業に近づいた日です。本日は自分が生きてきた経験から、3つの話をさせてください。たいしたことではない。たった3つです。

まずは、点と点をつなげる、ということです。

私はリード大学をたった半年で退学したのですが、本当に学校を去るまでの1年半は大学に居座り続けたのです。ではなぜ、学校をやめたのでしょうか。

私が生まれる前、生みの母は未婚の大学院生でした。母は決心し、私を養子に出すことにしたのです。母は私を産んだらぜひとも、だれかきちんと大学院を出た人に引き取ってほしいと考え、ある弁護士夫婦との養子縁組が決まったのです。ところが、この夫婦は間際になって女の子をほしいと言いだした。こうして育ての親となった私の両親のところに深夜、電話がかかってきたのです。「思いがけず、養子にできる男の子が生まれたのですが、引き取る気はありますか」と。両親は「もち

出典:「『ハングリーであれ。愚か者であれ』ジョブズ氏スピーチ全訳」
日本経済新聞(https://www.nikkei.com/article/DGXZZO35455660Y1A001C1000000/)

ろん」と答えた。生みの母は、後々、養子縁組の書類にサインするのを拒否したそうです。私の母は大卒ではないし、父に至っては高校も出ていないからです。実の母は、両親が僕を必ず大学に行かせると約束したため、数カ月後にようやくサインに応じたのです。

そして17年後、私は本当に大学に通うことになった。ところが、スタンフォード並みに学費が高い大学に入ってしまったばっかりに、労働者階級の両親は蓄えのすべてを学費に注ぎ込むことになってしまいました。そして半年後、僕はそこまで犠牲を払って大学に通う価値が見いだせなくなってしまったのです。当時は人生で何をしたらいいのか分からなかったし、大学に通ってもやりたいことが見つかるとはとても思えなかった。私は、両親が一生かけて蓄えたお金をひたすら浪費しているだけでした。私は退学を決めました。何とかなると思ったのです。多少は迷いましたが、今振り返ると、自分が人生で下したもっとも正しい判断だったと思います。退学を決めたことで、興味もない授業を受ける必要がなくなった。そして、おもしろそうな授業に潜り込んだのです。

とはいえ、いい話ばかりではなかったです。私は寮の部屋もなく、友達の部屋の床の上で寝起きしました。食べ物を買うために、コカ・コーラの瓶を店に返し、5セントをかき集めたりもしました。温かい食べ物にありつこうと、毎週日曜日は7マイル先にあるクリシュナ寺院に徒歩で通ったものです。

それでも本当に楽しい日々でした。自分の興味の赴くままに潜り込んだ講義で得た知識は、のちにかけがえがないものになりました。たとえば、リード大では当時、全米でおそらくもっとも優れたカリグラフの講義を受けることができました。キャンパス中に貼られているポスターや棚のラベルは手書きの美しいカリグラフで彩られていたのです。退学を決めて必須の授業を受ける必要がなくなったので、カリグラフの講義で学ぼうと思えたのです。ひげ飾り文字を学び、文字を組み合わせた場合のスペースのあけ方も勉強しました。何がカリグラフを美しく見せる秘訣なのか会得しました。科学ではとらえきれない伝統的で芸術的な文字の世界のとりこになったのです。

もちろん当時は、これがいずれ何かの役に立つとは考えもしなかった。ところが10年後、最初のマッキントッシュを設計していたとき、カリグラフの知識が急によみがえってきたのです。そして、その知識をすべて、マックに注ぎ込みました。美しいフォントを持つ最初のコンピューターの誕生です。もし大学であの講義がなかったら、マックには多様なフォントや字間調整機能も入っていなかったでしょう。ウィンドウズはマックをコピーしただけなので、パソコンにこうした機能が盛り込まれることもなかったでしょう。もし私が退学を決心していなかったら、あのカリグラフの講義に潜り込むことはなかったし、パソコンが現在のようなすばらしいフォントを備えることもなかった。もちろん、当時は先々のために点と点をつなげる意識などありませんでした。しかし、いまふり返ると、将来役立つことを大学でしっかり学んでいたわけです。

繰り返しですが、将来をあらかじめ見据えて、点と点をつなぎあわせることなどできません。できるのは、後からつなぎ合わせることだけです。だから、我々はいまやっていることがいずれ人生のどこかでつながって実を結ぶだろうと信じるしかない。運命、カルマ…、何にせよ我々は何かを信じないとやっていけないのです。私はこのやり方で後悔したことはありません。むしろ、今になって大きな差をもたらしてくれたと思います。

ここまでが全体の3分の1ほどですが、さしあたり、1つ目のメッセージとして、「失敗や困難は成長と学びの機会」と抽出してみました。あくまでこれは私の要約ですので、ジョブズ氏の言葉の通り「点と点をつなげる」としてみたり、「何事も経験して、後からつなぎ合わせる」としたり……皆さんなりの要約があっていいと思います。

大事なのは、メッセージハウスにあてはめてみる、という練習です。

このスピーチはまさに構造的で、ジョブズ氏はスピーチの最初に、トーキングポイントが3つあることを言っています。3つのメッセージを抽出しやすい、つまりメッセージハウスにあてはめやすい親切な構造となっています。説明の際に「伝えたいことは3つあります」と話し出すのは、メッセージハウスを学ばれている皆さんなら、容易に真似《まね》できるのではないでしょうか。

いま、メッセージを1つ読み取ったところです。キーメッセージは他のメッセージも貫くものですから、最後まで読んでみてから抽出してみたいと思います。
ひとまずは、先に進んでみましょう。

2つ目の話は愛と敗北です。

私は若い頃に大好きなことに出合えて幸運でした。共同創業者のウォズニアックとともに私の両親の家のガレージでアップルを創業したのは二十歳のときでした。それから一生懸命に働き、10年後には売上高20億ドル、社員数4000人を超える会社に成長したのです。そして我々の最良の商品、マッキントッシュを発売したちょうど1年後、30歳になったときに、私は会社から解雇されたのです。自分で立ち上げた会社から、クビを言い渡されるなんて。

実は会社が成長するのにあわせ、一緒に経営できる有能な人材を外部から招いたのです。最初の1年はうまくいっていたのですが、やがてお互いの将来展望に食い違いがでてきたのです。そして最後には決定的な亀裂が生まれてしまった。そのとき、取締役会は彼に味方したのです。それで30歳のとき、私は追い出されたのです。それは周知の事実となりました。私の人生をかけて築いたものが、突然、手中から消えてしまったのです。これは本当にしんどい出来事でした。

1カ月くらいはぼうぜんとしていました。私にバトンを託した先輩の起業家たちを失望させてしまったと落ち込みました。デビッド・パッカードやボブ・ノイスに会い、台無しにしてしまったことをわびました。公然たる大失敗だったので、このまま逃げ出してしまおうかとさえ思いました。しかし、ゆっくりと何か希望がわいてきたのです。自分が打ち込んできたことが、やはり大好きだったのです。アップルでのつらい出来事があっても、この一点だけは変わらなかった。会社を追われはしましたが、もう一度挑戦しようと思えるようになったのです。

そのときは気づきませんでしたが、アップルから追い出されたことは、人生でもっとも幸運な出来事だったのです。将来に対する確証は持てなくなりましたが、会社を発展させるという重圧は、もう一度挑戦者になるという身軽さにとってかわ

出典:「『ハングリーであれ。愚か者であれ』ジョブズ氏スピーチ全訳」
日本経済新聞(https://www.nikkei.com/article/DGXZZO35455660Y1A001C1000000/)

りました。アップルを離れたことで、私は人生でもっとも創造的な時期を迎えることができたのです。

その後の5年間に、NeXTという会社を起業し、ピクサーも立ち上げました。そして妻になるすばらしい女性と巡り合えたのです。ピクサーは世界初のコンピューターを使ったアニメーション映画「トイ・ストーリー」を製作することになり、今では世界でもっとも成功したアニメ製作会社になりました。そして、思いがけないことに、アップルがNeXTを買収し、私はアップルに舞い戻ることになりました。いまや、NeXTで開発した技術はアップルで進むルネサンスの中核となっています。そして、ロレーンとともに最高の家族も築けたのです。

アップルを追われなかったら、今の私は無かったでしょう。非常に苦い薬でしたが、私にはそういうつらい経験が必要だったのでしょう。最悪のできごとに見舞われても、信念を失わないこと。自分の仕事を愛してやまなかったからこそ、前進し続けられたのです。皆さんも大好きなことを見つけてください。仕事でも恋愛でも同じです。仕事は人生の一大事です。やりがいを感じることができるただ一つの方法は、すばらしい仕事だと心底思えることをやることです。そして偉大なことをやり抜くただ一つの道は、仕事を愛することでしょう。好きなことがまだ見つからないなら、探し続けてください。決して立ち止まってはいけない。本当にやりたいことが見つかった時には、不思議と自分でもすぐに分かるはずです。すばらしい恋愛と同じように、時間がたつごとによくなっていくものです。だから、探し続けてください。絶対に、立ち尽くしてはいけません。

ここまでのスピーチで、新たにメッセージとして「未来への信念と前進が重要」を抽出してみます。キーメッセージは最後まで一通り読み終わるまで我慢です。

では次が、スピーチの最後の部分になります。また読み進めてみましょう。

３つ目の話は死についてです。

私は17歳のときに「毎日をそれが人生最後の一日だと思って生きれば、その通りになる」という言葉にどこかで出合ったのです。それは印象に残る言葉で、その日を境に33年間、私は毎朝、鏡に映る自分に問いかけるようにしているのです。「もし今日が最後の日だとしても、今からやろうとしていたことをするだろうか」と。「違う」という答えが何日も続くようなら、ちょっと生き方を見直せということです。

自分はまもなく死ぬという認識が、重大な決断を下すときに一番役立つのです。なぜなら、永遠の希望やプライド、失敗する不安…これらはほとんどすべて、死の前には何の意味もなさなくなるからです。本当に大切なことしか残らない。自分は死ぬのだと思い出すことが、敗北する不安にとらわれない最良の方法です。我々はみんな最初から裸です。自分の心に従わない理由はないのです。

1年前、私はがんと診断されました。朝7時半に診断装置にかけられ、膵臓《すいぞう》に明白な腫瘍が見つかったのです。私は膵臓が何なのかさえ知らなかった。医者はほとんど治癒の見込みがないがんで、もっても半年だろうと告げたのです。医者からは自宅に戻り身辺整理をするように言われました。つまり、死に備えろという意味です。これは子どもたちに今後10年かけて伝えようとしていたことを、たった数カ月で語らなければならないということです。家族が安心して暮らせるように、すべてのことをきちんと片付けなければならない。別れを告げなさい、と言われたのです。

一日中診断結果のことを考えました。その日の午後に生検を受けました。のどから入れられた内視鏡が、胃を通って腸に達しました。膵臓に針を刺し、腫瘍細胞を採取しました。鎮痛剤を飲んでいたので分からなかったのですが、細胞を顕微鏡で調べた医師たちが騒ぎ出したと妻がいうのです。手術で治療可能なきわめてまれな膵臓がんだと分かったからでした。

人生で死にもっとも近づいたひとときでした。今後の何十年かはこうしたことが起こらないことを願っています。このような経験をしたからこそ、死というものがあなた方にとっても便利で大切な概念だと自信をもっていえます。

出典:「『ハングリーであれ。愚か者であれ』ジョブズ氏スピーチ全訳」
日本経済新聞(https://www.nikkei.com/article/DGXZZO35455660Y1A001C1000000/)

誰も死にたくない。天国に行きたいと思っている人間でさえ、死んでそこにたどり着きたいとは思わないでしょう。死は我々全員の行き先です。死から逃れた人間は一人もいない。それは、あるべき姿なのです。死はたぶん、生命の最高の発明です。それは生物を進化させる担い手。古いものを取り去り、新しいものを生み出す。今、あなた方は新しい存在ですが、いずれは年老いて、消えゆくのです。深刻な話で申し訳ないですが、真実です。

あなた方の時間は限られています。だから、本意でない人生を生きて時間を無駄にしないでください。ドグマにとらわれてはいけない。それは他人の考えに従って生きることと同じです。他人の考えに溺れるあまり、あなた方の内なる声がかき消されないように。そして何より大事なのは、自分の心と直感に従う勇気を持つことです。あなた方の心や直感は、自分が本当は何をしたいのかもう知っているはず。ほかのことは二の次で構わないのです。

私が若いころ、全地球カタログ（The Whole Earth Catalog）というすばらしい本に巡り合いました。私の世代の聖書のような本でした。スチュワート・ブランドというメンロパークに住む男性の作品で、詩的なタッチで躍動感がありました。パソコンやデスクトップ出版が普及する前の1960年代の作品で、すべてタイプライターとハサミ、ポラロイドカメラで作られていた。言ってみれば、グーグルのペーパーバック版です。グーグルの登場より35年も前に書かれたのです。理想主義的で、すばらしい考えで満ちあふれていました。

スチュワートと彼の仲間は全地球カタログを何度か発行し、一通りやり尽くしたあとに最終版を出しました。70年代半ばで、私はちょうどあなた方と同じ年頃でした。背表紙には早朝の田舎道の写真が。あなたが冒険好きなら、ヒッチハイクをする時に目にするような風景です。その写真の下には「ハングリーなままであれ。愚かなままであれ」と書いてありました。筆者の別れの挨拶でした。ハングリーであれ。愚か者であれ。私自身、いつもそうありたいと思っています。そして今、卒業して新たな人生を踏み出すあなた方にもそうあってほしい。

ハングリーであれ。愚か者であれ。

ありがとうございました。

スピーチは、これですべてです。感動的なスピーチです。最後のパートからは、「死という現実を受け入れ、充実した人生を送る」をメッセージとして抽出しました。

今回は素直にスピーチの流れに従って、3つのメッセージを抽出したわけですが、メッセージが説明全体にブレンドされていることもありますので、いつも上から見ていけば順番にメッセージが見えてくるわけではありません。今回は練習の便宜上、ジョブズ氏の明快なスピーチを用いています。

なお、抽出した3つのメッセージはもちろん、多くのエビデンスで支えられている構造となっています。今回のエビデンスは、いずれもジョブズ氏自身のエピソードです。

エピソードはどんなに魅力的でもメッセージにつながらなければ削るべきと書きましたが、このスピーチでは、メッセージとジョブズ氏がそのように考える、感じるにいたったエピソードが密接につながっています。ジョブズ氏ならではの経験が強力なエビデンスとして、メッセージの迫真性を強めています。

いかがだったでしょうか?

このスピーチは「説得」を主目的としているわけではないと思いますが、行動を起こすことへの「説得」力がスゴイです。ただの「説明」を超えています。

最後まで読み進めた結果、今回はキーメッセージとしては「成功と失敗、愛や死も、人生の一部として受け入れること」を抽出してみました。もっと単純に、スピーチで最後に繰り返された、「ハングリーであれ。愚か者であれ。」とするのでもいいかもしれません。目的は、形式的には「激励の言葉を送ること」でしょうか。これは卒業式というTPO、ターゲットオーディエンスがこれから社会にはばたく「卒業生」である以上、自然と決まってきます。もしここでジョブズ氏が「自分の成功談を語る」と間違って設定してしまえば、同じエピソードを語ったとしても、ここまで心に響くスピーチにはなってなかったと思います。

次頁の図は解答の一例として今回、私が作成してみたメッセージハウスです。

目的	ターゲットオーディエンス
激励の言葉を送ること	スタンフォード大卒業生

キーメッセージ

成功と失敗、愛や死も、
人生の一部として受け入れること
：ハングリーであれ、愚か者であれ

メッセージ①	メッセージ②	メッセージ③
失敗や困難は成長と学びの機会	未来への信念と前進が重要	死という現実を受け入れ、充実した人生を送る

エビデンス

- 大学退学やアップル解雇
- 大学でのカリグラフの授業がフォント設計で役に立った

- 挫折の後に、NeXTやピクサーを立ち上げて成功した
- 挫折の後に、妻にも出会えた

- がんの診断で死を直面し、人生の優先事項を再考した
- 全地球カタログというすばらしい本に出会った

人にとっての目的、理由というのは、常々、一枚岩なものではなく、多くの要素の中から、優先順位が高いものが取り上げられたり、TPOや手段・様式のような、ハウスの外から与えられることに応じて決まってきたりするものだと思います。

なので、メッセージの伝え手に直接聞かない限り、本当のところはわからないと思いながら、あくまで今回は「読解のためにメッセージハウスを使う」という本章の目的に沿って、メッセージハウスにあてはめています。

ですから、本書で紹介するメッセージハウスのイメージ例も、あくまで1つのメッセージハウス例にすぎません。「説得」コミュニケーションに寄せた解釈をすることもできますし、目的やターゲットオーディエンスの想定を、解像度も含めて調整すれば、違った要素を並べることもできると思います。

本書が大事にするコミュニケーションを、ここでも思い出したいと思います。

いつも、絶対、完璧なコミュニケーションを求めるのではなく、「良い加減」をよしとすることが、人と人との間のコミュニケーションのコツだと思います。

「スター・ウォーズ」のセリフを読み解く

さて次の例は、映画「スター・ウォーズ」シリーズからです。

ここでは、1977年に公開されたシリーズ第1作「エピソード4／新たなる希望」から取り上げます。ベン・ケノービ（本名、オビ＝ワン・ケノービ）がルークに、ルークの父親やフォースのこと、ジェダイの騎士の栄光や、反乱軍と帝国との争いなどについて、語る場面です。

「スター・ウォーズ」シリーズは、遠い昔、はるかかなたの銀河系を舞台にした、ＳＦ映画の金字塔です。

主人公のルーク・スカイウォーカーは、師匠になるオビ＝ワン・ケノービから、フォースという不思議な力に加えてさまざまなことを学び、成長し、やがてフォースを操るジェダイの騎士となります。オビ＝ワンからは悪役ダース・ベイダーがルークの父を殺したと聞かされますが、本当はベイダーこそが父本人だと知ります。父であるベイダーと対峙《たいじ》し、最終的には反乱軍と帝国との対立に揺れる銀河にバランスと平和をもたらします。

これが「エピソード４／新たなる希望」と続編２作の大まかなストーリーです。以降、現在にいたるまでさまざまなシリーズ作品が作られています。

これから取り上げる場面のコミュニケーションは、いろいろな「説明」に加えて、最後はかなり「説得」寄りに展開していく例です。

この例は映画内のセリフの運びがもとになっていますが、ジョブズ氏のスピーチと同様に、メッセージがしっかりと深く届いている例として最適だと思い、選びました。

では映画「スター・ウォーズ エピソード4／新たなる希望」から、セリフを抜き出してみます。次のセリフ運びから、今度はご自身で、メッセージハウスのイメージ例を完成させてみてください。説明の伝え手はベン（オビ＝ワン）、受け手はルークです。ベンの説明のメッセージハウスを埋めてみてください。

ルーク：いや、父さんは戦争に参加しなかったんだ。戦争で戦ったんじゃない。貨物船の航海士だったんだ。

ベン：叔父さんがそう言ってたんだろう。彼はお父さんと同じ理想を持ってなかった。彼は、お父さんはここに留まるべきだと思っていた。

ルーク：あなたはクローン戦争で戦ったの？

出典："Star Wars: A New Hope" The Internet Movie Script Database（https://imsdb.com/scripts/Star-Wars-A-New-Hope.html）をもとに筆者和訳

ベン：そう、私はジェダイの騎士だったんだ。君のお父さんと同じだ。

ルーク：父さんに会ってみたかったよ。

ベン：彼は銀河随一の花形パイロットで、狡猾《こうかつ》な戦士でもあった。君も立派なパイロットになったそうだね。彼は良き友人だった。それで思い出したんだが……。渡したいものがあるんだ。君のお父さんが、十分大きくなった君に、渡してほしがっていたんだ。でも君の叔父さんが許さなかった。君がオビ＝ワンの後を追って、オビ＝ワンのように愚かな理想に燃える十字軍のようにならないように、君のお父さんがそうだったようにね。

（中略：ベンがルークにセーバーを渡す）

ルーク：それは何？

ベン：お父さんのライトセーバーだ。これはジェダイの騎士の武器だ。ブラスターのように不格好でも当てずっぽうでもない。

（中略：ルークがボタンを押してライトセーバーを起動させる）

ベン：より文明化された時代の洗練された武器だ。千世代以上にわたってジェダイの騎士は、旧世界の平和と正義の守護者だった。暗黒の時代が来る前、帝国の時代の前までは。

ルーク：父さんはどうやって死んだの？

ベン：ダース・ベイダーという若いジェダイがいた。私の弟子だった。彼が悪に転じるまでは。彼が帝国に味方して、ジェダイの騎士団を壊滅させた。彼はお父さんを裏切り殺害した。いまやジェダイは絶滅したも同然だ。ベイダーはフォースの暗黒面に誘惑されたのだ。

ルーク：フォース？

ベン：フォースはジェダイに力を与えるものなんだ。すべての生き物によって作られるエネルギー場だ。それは我々を取り囲み、貫いている。銀河系を結びつけているんだ。

（中略：ロボットのR2-D2が騒ぎだす）

ベン：さて、君の正体を知ろうじゃないか、小さき友よ。どこから来たのか。

（中略：反乱軍の王女、レイア姫の映像がR2-D2から映し出され、オルデランまで助けに来るよう求められる）

ベン：フォースの使い方を学べ。私と一緒にオルデランに行くなら。

ルーク：オルデラン？　オルデランには行かない。家に帰らなきゃ。もう遅い時間だ。

ベン：君の助けが必要なんだ、ルーク。彼女には君の助けが必要だ。私はこういうことにはもう、年を取りすぎている。

ルーク：関われない。仕事があるんだ！　帝国が好きなわけじゃない。嫌いだ！でもいまはどうすることもできない。（オルデランは）ここから遠すぎる。

ベン：叔父さんはそう言うだろうな。

ルーク：ああ、叔父さん。（叔父さんに）どう説明すればいいんだ？

ベン：フォースについて学ぶんだ、ルーク。

ルーク：いいですか、アンカーヘッドまでは見送れます。そこからモス・アイズリーまで行けば、あなたはどこへでも行けますよ。

ベン：自分が正しいと思うことをするんだ。

いかがでしたでしょうか？　私は左図のようなメッセージハウスとしてみました。エビデンスは、「スター・ウォーズ」シリーズにおなじみの設定ですね。少々、セリフ内では語られていないネタバレ事実も含んだ形で作ってしまいましたが、ルークの父親の正体や、「あるべき道」に関するオビ＝ワンの真意など、この場面の時点では判明していないことをふまえた方が、わかりやすいとの判断です。何卒《なにとぞ》、ご了承ください。

セリフに含まない事実をエビデンスとして挙げたことの言い訳ではありませんが、自分が説明する側の時も、構造を自分の頭の中で整理する上ではエビデンスとしては挙げておいても、実際には語らない、という手もあるわけです。

キーメッセージに添えた「フォースとともにあらんことを（May the Force be with you.）」は、同シリーズを知っている方ならおなじみのセリフです。これもセリフ外からの登場で

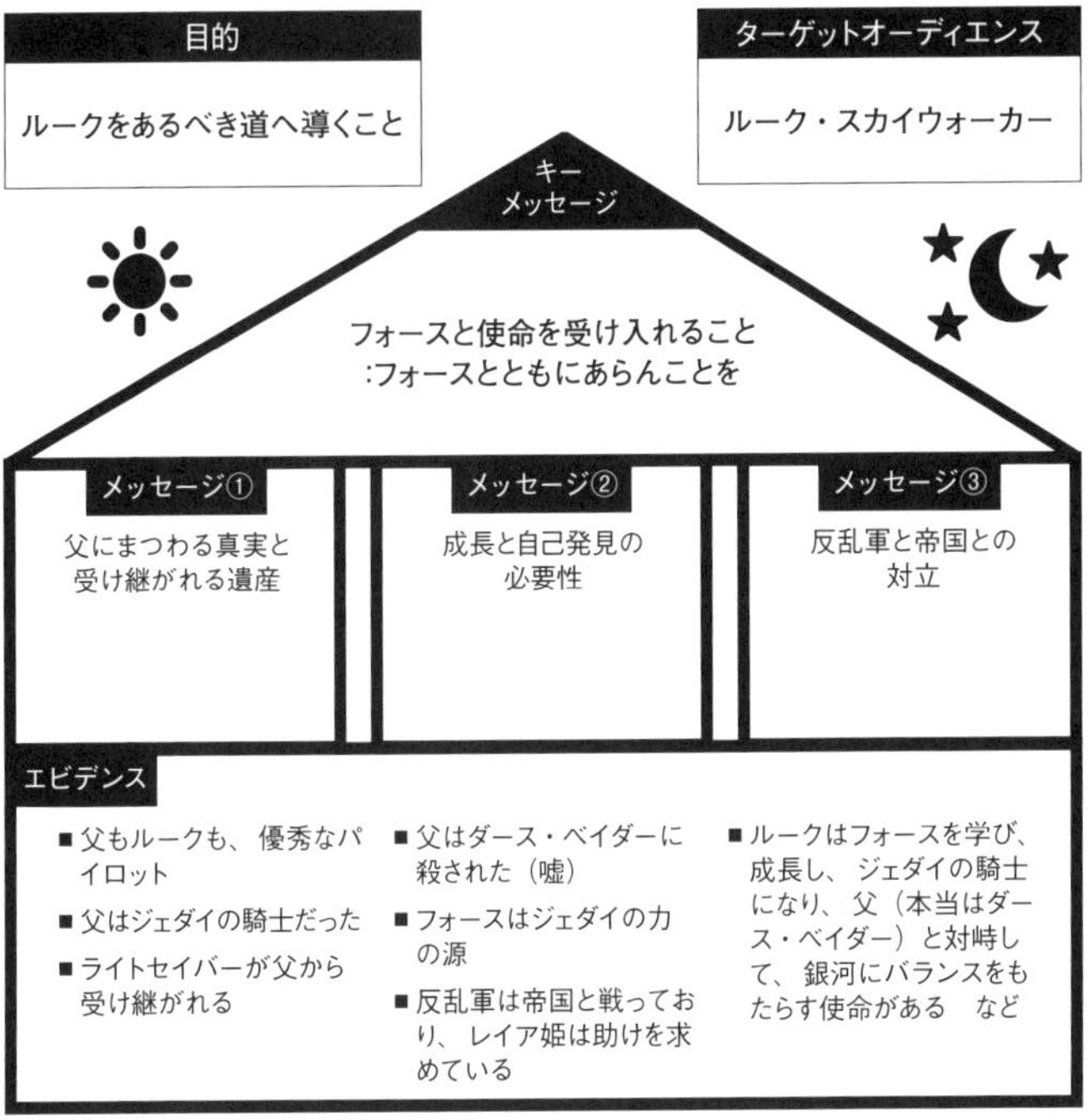
目的
ルークをあるべき道へ導くこと
ターゲットオーディエンス
ルーク・スカイウォーカー
キー
メッセージ
フォースと使命を受け入れること
:フォースとともにあらんことを
メッセージ①
父にまつわる真実と
受け継がれる遺産
メッセージ②
成長と自己発見の
必要性
メッセージ③
反乱軍と帝国との
対立
エビデンス
■父もルークも、優秀なパイロット
■父はジェダイの騎士だった
■ライトセイバーが父から受け継がれる
■父はダース・ベイダーに殺された（嘘）
■フォースはジェダイの力の源
■反乱軍は帝国と戦っており、レイア姫は助けを求めている
■ルークはフォースを学び、成長し、ジェダイの騎士になり、父（本当はダース・ベイダー）と対峙して、銀河にバランスをもたらす使命がある　など

すので反則ですね。ご容赦ください。「スター・ウォーズ」ファンとしては、シリーズにおいてほぼ最初にオビ＝ワンが発した一連のセリフの中にも、このおなじみのセリフがエッセンスとして込められていたのだと発見した次第です。

取り上げた会話では、ルークは最初断っていますが、オビ＝ワンは言葉少ないながらも説得をしています。オビ＝ワンの説得と、彼と話してから家に帰った時に見た光景

（詳細はぜひ映画を見てみてください）をきっかけに、結果としてルークは旅立つことになります。

村上春樹の言葉を読み解く

さて、本章の読解練習の最後を飾るのは、2009年2月、イスラエルの文学賞である「エルサレム賞」を受賞された、作家の村上春樹さんによるスピーチです。

本書執筆時点（2024年7月）でもなお、イスラエルとパレスチナの間で、武力紛争は続いています。

村上春樹さんは、武力紛争当事者であるイスラエルから贈られるこの「エルサレム賞」を、受賞すべきかどうか、スピーチをすべきかどうか、迷ったそうです。受賞のボイコットを求める声も多かったとのことです。

しかし村上春樹さんは、国家や「壁」のようなシステムに、ぶつかって割れる「卵」のような個々人の一人として、受賞を受け入れ、スピーチをすることを選びました。

授賞式の聴衆のみならず、村上春樹さんやその著作に関心のある、世界中の多くの方々に向けてのスピーチは、世界中で話題となりました。

彼のスピーチは、小説家の役割というものの「説明」にとどまらず、武力紛争の当事者であるイスラエル側とパレスチナ側、個々人とシステムの側に立つ方、双方に向けて、信念に基づき個人として行動することを促す「説得」であり、聴衆の心の中に生まれる葛藤や反論との「交渉」でもあり、また、ある種の「和解」を促す内容でもあったと思います。

いわば、彼のスピーチの中には、この本で紹介してきた説明とその応用パターンがいずれも内包されているのです。

このスピーチは、実は本書が主張する「構造」自体についての鋭い批判でもあり、また、巧みに構造化されたこのスピーチ自体は、本書の主張を大いに支持するものとも解釈できると思います。

また、村上春樹さんの多くの作品の間には、共通の「構造」を見出すような議論や評価も、よく見聞きしてきました。本書にぴったりの題材だと思ったわけです。

では次のスピーチを、メッセージハウスに落とし込んでみましょう。

私は一人の小説家として、ここエルサレム市にやって参りました。言い換えるなら、上手な嘘をつくことを職業とするものとして、ということであります。

もちろん嘘をつくのは小説家ばかりではありません。ご存知のように政治家もしばしば嘘をつきます。外交官も軍人も嘘をつきます。中古自動車のセールスマンも肉屋も建築業者も嘘をつきます。しかし小説家のつく嘘が、彼らのつく嘘と違う点は、嘘をつくことが道義的に非難されないところにあります。むしろ巧妙な大きな嘘をつけばつくほど、小説家は人々から賛辞を送られ、高い評価を受けることになります。なぜか?

小説家はうまい嘘をつくことによって、本当のように見える虚構を創り出すことによって、真実を別の場所に引っ張り出し、その姿に別の光をあてることができるからです。真実をそのままのかたちで捉え、正確に描写することは多くの場合ほとんど不可能です。だからこそ我々は、真実をおびき出して虚構の場所に移動させ、虚構のかたちに置き換えることによって、真実の尻尾をつかまえようとするのです。しかしそのためにはまず真実のありかを、自らの中に明確にしておかなくてはなりません。それがうまい嘘をつくための大事な資格になります。

しかし本日、私は嘘をつく予定はありません。できるだけ正直になろうと努めます。私にも年に数日は嘘をつかない日がありますし、今日はたまたまその一日にあたります。

正直に申し上げましょう。私はイスラエルに来て、このエルサレム賞を受けることについて、「受賞を断った方が良い」という忠告を少なからざる人々から受け取りました。もし来るなら本の不買運動を始めるという警告もありました。その理由はもちろん、このたびのガザ地区における激しい戦闘にあります。これまでに千人を超える人々が封鎖された都市の中で命を落としました。国連の発表によれば、その多くが子供や老人といった非武装の市民です。

私自身、受賞の知らせを受けて以来、何度も自らに問いかけました。この時期に

出典:「村上春樹のエルサレム賞受賞スピーチ『壁と卵 – Of Walls and Eggs』」村上春樹新聞(https://murakami-haruki-times.com/jerusalemprize/)

イスラエルを訪れ、文学賞を受け取ることが果たして妥当なのかと。それは紛争の一方の当事者である、圧倒的に優位な軍事力を保持し、それを積極的に行使する国家を支持し、その方針を是認するという印象を人々に与えるのではないかと。それはもちろん私の好むところではありません。私はどのような戦争をも認めないし、どのような国家をも支持しません。またもちろん、私の本が書店でボイコットされるのも、あえて求めるところではありません。

しかし熟考したのちに、ここに来ることを私はあらためて決意いたしました。そのひとつの理由は、あまりに多くの人が「行くのはよした方がいい」と忠告してくれたからです。小説家の多くがそうであるように、私は一種の「へそ曲がり」であるのかもしれません。「そこに行くな」「それをやるな」と言われると、とくにそのように警告されると、行ってみたり、やってみたくなるのが小説家というもののネイチャーなのです。なぜなら小説家というものは、どれほどの逆風が吹いたとしても、自分の目で実際に見た物事や、自分の手で実際に触った物事しか心からは信用できない種族だからです。

だからこそ私はここにいます。来ないことよりは、来ることを選んだのです。何も見ないよりは、何かを見ることを選んだのです。何も言わずにいるよりは、皆さんに話しかけることを選んだのです。

ひとつだけメッセージを言わせて下さい。個人的なメッセージです。これは私が小説を書くときに、常に頭の中に留めていることです。紙に書いて壁に貼ってあるわけではありません。しかし頭の壁にそれは刻み込まれています。こういうことです。

もしここに硬い大きな壁があり、そこにぶつかって割れる卵があったとしたら、私は常に卵の側に立ちます。

そう、どれほど壁が正しく、卵が間違っていたとしても、それでもなお私は卵の側に立ちます。正しい正しくないは、ほかの誰かが決定することです。あるいは時間や歴史が決定することです。もし小説家がいかなる理由があれ、壁の側に立って作品を書いたとしたら、いったいその作家にどれほどの値打ちがあるでしょう?
さて、このメタファーはいったい何を意味するのか?ある場合には単純明快です。爆撃機や戦車やロケット弾や白燐弾や機関銃は、硬く大きな壁です。それらに潰され、焼かれ、貫かれる非武装市民は卵です。それがこのメタファーのひとつの意味です。

しかしそれだけではありません。そこにはより深い意味もあります。こう考えてみて下さい。我々はみんな多かれ少なかれ、それぞれにひとつの卵なのだと。かけがえのないひとつの魂と、それをくるむ脆い殻を持った卵なのだと。私もそうだし、あなた方もそうです。そして我々はみんな多かれ少なかれ、それぞれにとっての硬い大きな壁に直面しているのです。その壁は名前を持っています。それは「システム」と呼ばれています。そのシステムは本来は我々を護るべきはずのものです。しかしあるときにはそれが独り立ちして我々を殺し、我々に人を殺させるのです。冷たく、効率よく、そしてシステマティックに。

私が小説を書く理由は、煎じ詰めればただひとつです。個人の魂の尊厳を浮かび上がらせ、そこに光を当てるためです。我々の魂がシステムに絡め取られ、貶められることのないように、常にそこに光を当て、警鐘を鳴らす、それこそが物語の役目です。私はそう信じています。生と死の物語を書き、愛の物語を書き、人を泣かせ、人を怯えさせ、人を笑わせることによって、個々の魂のかけがえのなさを明らかにしようと試み続けること、それが小説家の仕事です。そのために我々は日々真剣に虚構を作り続けるのです。

私の父は昨年の夏に九十歳で亡くなりました。彼は引退した教師であり、パートタイムの仏教の僧侶でもありました。大学院在学中に徴兵され、中国大陸の戦闘に参加しました。私が子供の頃、彼は毎朝、朝食をとるまえに、仏壇に向かって長く深い祈りを捧げておりました。一度父に訊いたことがあります。何のために祈っているのかと。「戦地で死んでいった人々のためだ」と彼は答えました。味方と敵の区別なく、そこで命を落とした人々のために祈っているのだと。父が祈っている姿を後ろから見ていると、そこには常に死の影が漂っているように、私には感じられました。

父は亡くなり、その記憶も――それがどんな記憶であったのか私にはわからないままに――消えてしまいました。しかしそこにあった死の気配は、まだ私の記憶の中に残っています。それは私が父から引き継いだ数少ない、しかし大事なもののごとのひとつです。


私がここで皆さんに伝えたいことはひとつです。国籍や人種や宗教を超えて、我々はみんな一人一人の人間です。システムという強固な壁を前にした、ひとつひとつの卵です。我々にはとても勝ち目はないように見えます。壁はあまりにも高く硬く、そして冷ややかです。もし我々に勝ち目のようなものがあるとしたら、それは我々が自らのそして お互いの魂のかけがえのなさを信じ、その温かみを寄せ合わせることから生まれてくるものでしかありません。

考えてみてください。我々の一人一人には手に取ることのできる、生きた魂があります。システムにはそれはありません。システムに我々を利用させてはなりません。システムが我々を作ったのではありません。我々がシステムを作ったのです。

私が皆さんに申し上げたいのはそれだけです。

エルサレム賞をいただき、感謝しています。私の本を読んで下さる人々が、世界の多くの場所にいることに感謝します。イスラエルの読者のみなさんにお礼を言いたいと思います。なによりもあなたがたの力によって、私はここにいるのです。私たちが何かを——とても意味のある何かを共有することができたらと思います。ここに来て、皆さんにお話できたことを嬉しく思います。

いかがでしたでしょうか？

私は、このスピーチから、「個々人（卵）はシステム（壁）と対立し、小説家は個々人を守るために真実や尊厳に光を当てる」というキーメッセージを抽出してみました。

目的は、実際のところ、村上春樹さんに聞いてみないことにはわからないのですが、表向きには少なくとも、「エルサレム賞受賞のスピーチをすること」でしょうか。

ターゲットオーディエンスは「授賞式の聴衆（さらには、関心を寄せるすべての人々）」としました。

メッセージ（トーキングポイント）は、「個々人とシステムとの対立」、「小説家は嘘や創作によって真実に光を当てる」、「システムに対抗しうるのは個々人の信念と行動」と、想定してみました。

そしてエビデンスはスピーチ内で挙げられたさまざまな事実やエピソードなどです。まとめると、左図のようなメッセージハウスになりました。

今回の題材であれば、「説得」コミュニケーションとして、3つのメッセージを①から③へと順番がきまった形で想定することも可能だと思います。さしあたりは、列挙するパターンでまとめてあります。

武力紛争の当事者であるパレスチナの方々とイスラエルの方々、村上春樹さんのエルサレム賞受賞に賛成する方々と反対する方々、卵の側に立つ方々と壁の側に立つ方々、双方の頭や心に問いかけるこのスピーチは、さまざまな意見や思いの「説明」や「説得」、葛藤が行きかう「交渉」へと、聴衆を知らず知らずのうちに巻き込むのではないかと思います。著者も巻き込まれたうちの一人です。

そして同時に、氏の主張を振り返れば、国籍や人種を超越した人間であり、個々の存在

目的
エルサレム賞受賞のスピーチをすること
ターゲットオーディエンス
授賞式の聴衆(さらには、関心を寄せるすべての人々)
キーメッセージ
個々人(卵)はシステム(壁)と対立し、小説家は個々人を守るために真実や尊厳に光を当てる:壁ではなく卵の側に立つ
メッセージ①
個々人とシステムとの対立
メッセージ②
小説家は嘘や創作によって真実に光を当てる
メッセージ③
システムに対抗しうるのは個々人の信念と行動
エビデンス
■小説家の嘘は大きくてうまいほど称賛される
■小説家は真実を暴き、新たな光でそれを照らす
■父の戦争体験
■すべての戦死者への祈りと死の影
■「卵と壁」の比喩
■小説家は個々の精神が持つ威厳さを表出して、光をあてる
■授賞式出席に際して日本で受けた圧力や葛藤
■個々人は国籍や人種を超越した人間であり、個々の存在であることなど

である個人として、そこに双方へウィン・ウィンな状態をもたらそうとする、「和解」への促しを覚えるのではないでしょうか。

スピーチの構成自体はとても作りがしっかりした「構造」を持っていると思います。「構造」が見え隠れするのは、一般的に、村上作品の特徴だったりします。一方で「構造」のようなものは、卵よりも壁、システムにあたるものとして、氏の主張に従えば、卵である個々人とは対立するものとも言えます。

メッセージハウスという「構造」も然《しか》りです。

この二律背反、矛盾したような「構造」への評価を、氏があえて仕掛けたのだとしたら、ほかでもない冒頭で触れているように、嘘のプロである小説家の手腕に唸《うな》らされます。


さて、有名なコミュニケーション例を使った読解は、いかがだったでしょうか？

繰り返しになりますが、メッセージハウスは世界標準として広く活用されるだけの使いやすさや本質を捉えた構造です。なので、日常生活や、創作物の世界の中でのコミュニケーションにあてはめても、その有効性は失われません。


次章では、社内会議や商談といった、ビジネスの現場で「説明」力を求められるシーンごとに、どういった説明を試みるべきか、実践を通じて学んでいきます。練習問題として、ある企業を舞台にしたシナリオを用意しました。

皆さんを、ＫＭＩ経営コンサルティング株式会社にお招きします。

CHAPTER 5

「メッセージハウス」でビジネスを制する

さてここは、東京の目黒区にオフィスを構える、「ＫＭＩ経営コンサルティング株式会社（以下、ＫＭＩ）」です。

同社は、マーケティング支援に強みを持つ創業5年目の経営コンサルティング企業です。社員数は30名、昨年度の売上高は3億円。業界内では中規模ですが、年々、業績を伸ばしています。人気のオンラインの有料動画講座「ＥＶＡ」シリーズとその有料テキストの販売に加えて、各種の経営関連コンサルティング（マーケティング以外にも、経営戦略、組織マネジメント、営業、財務、人事、労務など）のサービスを提供しています。

国内外、多業種の顧客基盤を築いていますが、近年、競合との大型コンペでは失注《しっちゅう》が続いています。

最大の経営課題は、クライアントとのやりとりの際に、効果的に相手へメッセージを伝える、説明力をはじめとしたコミュニケーション能力の不足だと、社長である「碇《いかり》ゲンジ」氏（男性、48歳）は考えています。そのため社長は折に触れて社内へ、説明力アップを呼びかけているところです。

そんなある日、ＫＭＩに問い合わせが入りました。お相手は株式会社ゼーレン（以下、ゼーレン）。「テクノロジーの力で社会をアップデートすること」を使命に掲げたＩＴ企業です。同社はマーケティング業務を改善したいとのことです。

KMI営業部長の「葛城《かつらぎ》チサト」氏（女性、43歳）は、チームリーダーである二人、「碇シンゾウ」さん（男性、35歳）と「綾波《あやなみ》レイコ」さん（女性、33歳）に担当を任じます。

碇さんは生え抜き社員で、社長の甥《おい》にあたります。人当たりは良いのですが、少々、優柔不断で気弱なところがあります。綾波さんは転職組です。高学歴のエリートらしく、合理的なのですが、相手の感情を気遣ったり、良好な人間関係を築いたりする働き方は少々苦手です。果たしてこの二人は、ゼーレンから見事、案件の受注ができるでしょうか？

【雑談】「おもろく、遊びながら、良い加減に」で解決

碇さんは1週間後に迫ったゼーレンとの打ち合わせで、どのように営業をするべきか、

まだ考えがまとまっていません。そこで碇さんは、一緒に営業に行く予定の綾波さんと雑談がてら、互いの考えを共有して、営業の方向性について打ち合わせておこうと考えました。はす向かいのデスクに座っている綾波さんに、碇さんは声をかけます。

碇「綾波さん、あの、ゼーレンの件だけど、そろそろ準備を始めないと、と思って。」

綾波「……もう済んでる。（作成済みの資料を見せながら）私たちの強みはマーケティングだから、マーケティングの支援メニューを説明すればいいだけ。具体的には、価格戦略、製品戦略、流通戦略。価格戦略ではゼーレンと同業界のAT社の事例の紹介。たしかウチが入ってから、1年で売上を50％以上、伸ばしたはず。製品戦略では簡単な競合分析の結果を紹介するつもり。ヤシマ社の社長が出ていた記事があったはず。あの社長が語っていたエピソードを、競合の参考資料として持っていく。流通戦略ではウチができることは限られているから、EVAシリーズの動画講座の有料会員になってもらって、まずは知識から身に付けてもらうように、促すつもり。……もう、いいかな？」

碇「……すごいね。でも、まだゼーレンへのヒアリングが終わっていないのに、相手にどんなニーズがあるか知らずに、提案なんてできないんじゃないかな。」

綾波「何言ってるの？　ウチの目的ははっきりしてる。強みのマーケティング領域での実績を示しつつ、ＥＶＡシリーズも紹介しながら受注につなげること。相手も自分たちの課題がわかってないんだから、こちらが提案して初めて気づくものでしょ。」

碇「それはウチの都合だよ。ゼーレンがマーケティングでの支援を期待していることはわかるけど、その提案にはプロモーション戦略は入ってないじゃないか。」

綾波「プロモーション戦略はウチの強みじゃないから。」

碇「ウチの目的はさておき、まずはゼーレンの社長の話を聞いてみようよ。ボクなら今回、まずはゼーレンさんのお話を誠心誠意、伺いに来たことを伝えたいな。きっと社長はいろいろな思いを語ってくれるはずだよ。ウチはクライアントに寄り添う姿勢を大事にしていること、結果としてクライアントから感謝の言葉をもらうことが多いこと、あと、担当になったからには全力で頑張らせていただく、ってことを伝えればいいんじゃないかな。」

綾波「……。碇さんの、その主張の根拠は何？」

碇「えっ……。根拠って、ぜんぶ本当のことじゃないか。」

綾波「碇さん、何のために打ち合わせに行くの？　ウチはボランティアじゃないし、具体的な支援内容に触れないで、どうしてクライアントがウチに発注するの？」

碇「受注するかどうかよりも、クライアントの都合が大事だよ！」

綾波「……碇さん、実はね私、碇社長から言われてるの。今回の案件は、碇さんばかりにあまり任せないように、って。」

碇「おじさんが……。」

綾波「ごめんなさい。こういう時、どんな顔をすればいいかわからないの……。」

ワーク：難易度★★★☆☆

1. 綾波さんの「説明」をメッセージハウスにイメージしてください。
2. 碇さんの「説明」をメッセージハウスにイメージしてください。

＊メッセージハウスは必ずしも、すべての要素が埋まるとは限りません。

いかがでしたでしょうか？

すれ違う二人の頭と心には、どうやらずいぶんと違ったメッセージハウスが浮かんでいるようです。以下、模範解答になります。

次頁の図の上段が綾波さんのメッセージハウス。下段が碇さんのメッセージハウスです。

まず綾波さんは目的がはっきりしていました。「受注につなげること」でしょう。一方

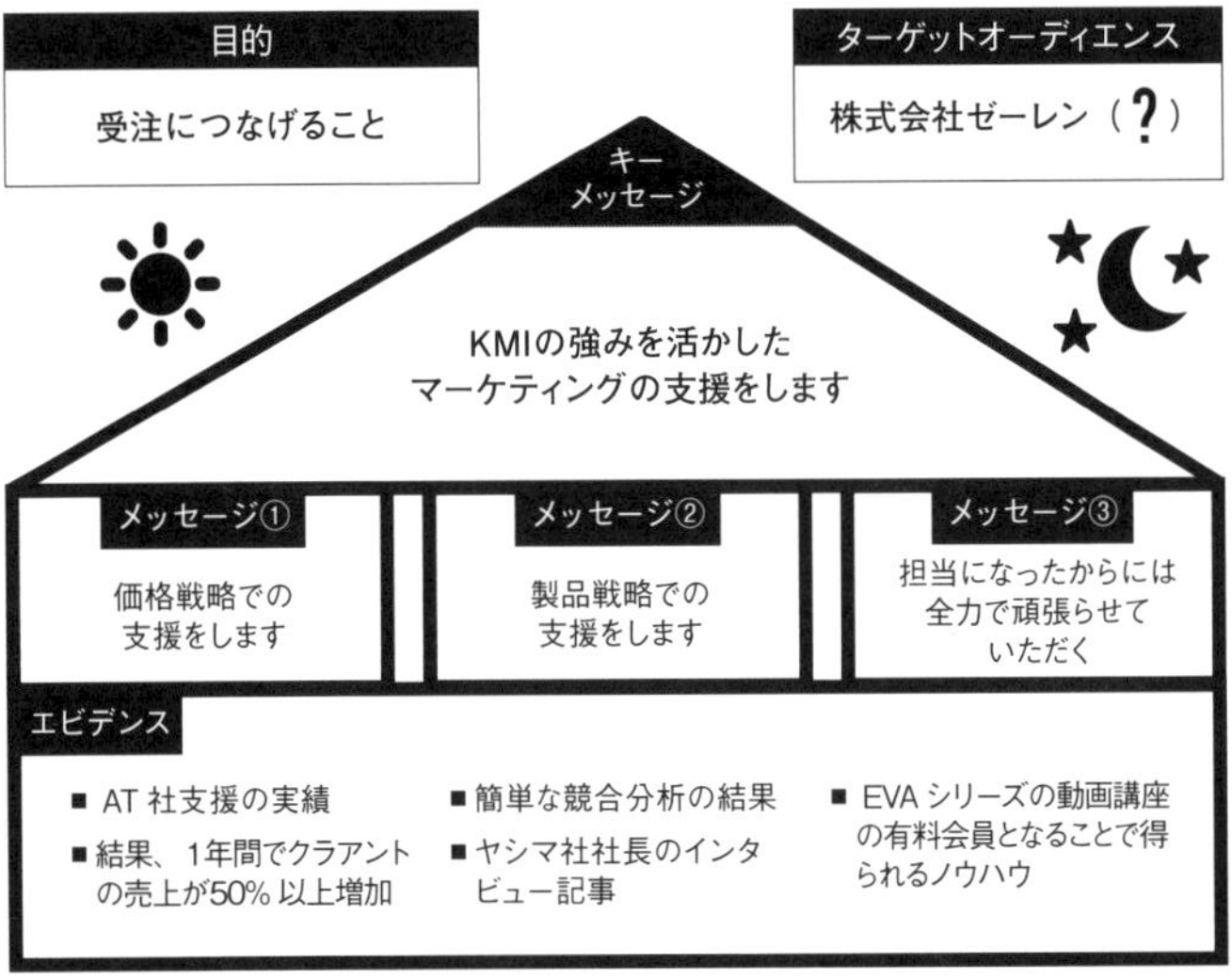
目的
受注につなげること
ターゲットオーディエンス
株式会社ゼーレン（?）
キー
メッセージ
KMIの強みを活かした
マーケティングの支援をします
メッセージ①
価格戦略での
支援をします
メッセージ②
製品戦略での
支援をします
メッセージ③
担当になったからには
全力で頑張らせて
いただく
エビデンス
■ AT 社支援の実績
■結果、1年間でクラアント
の売上が50% 以上増加
■簡単な競合分析の結果
■ヤシマ社社長のインタ
ビュー記事
■ EVA シリーズの動画講座
の有料会員となることで得
られるノウハウ

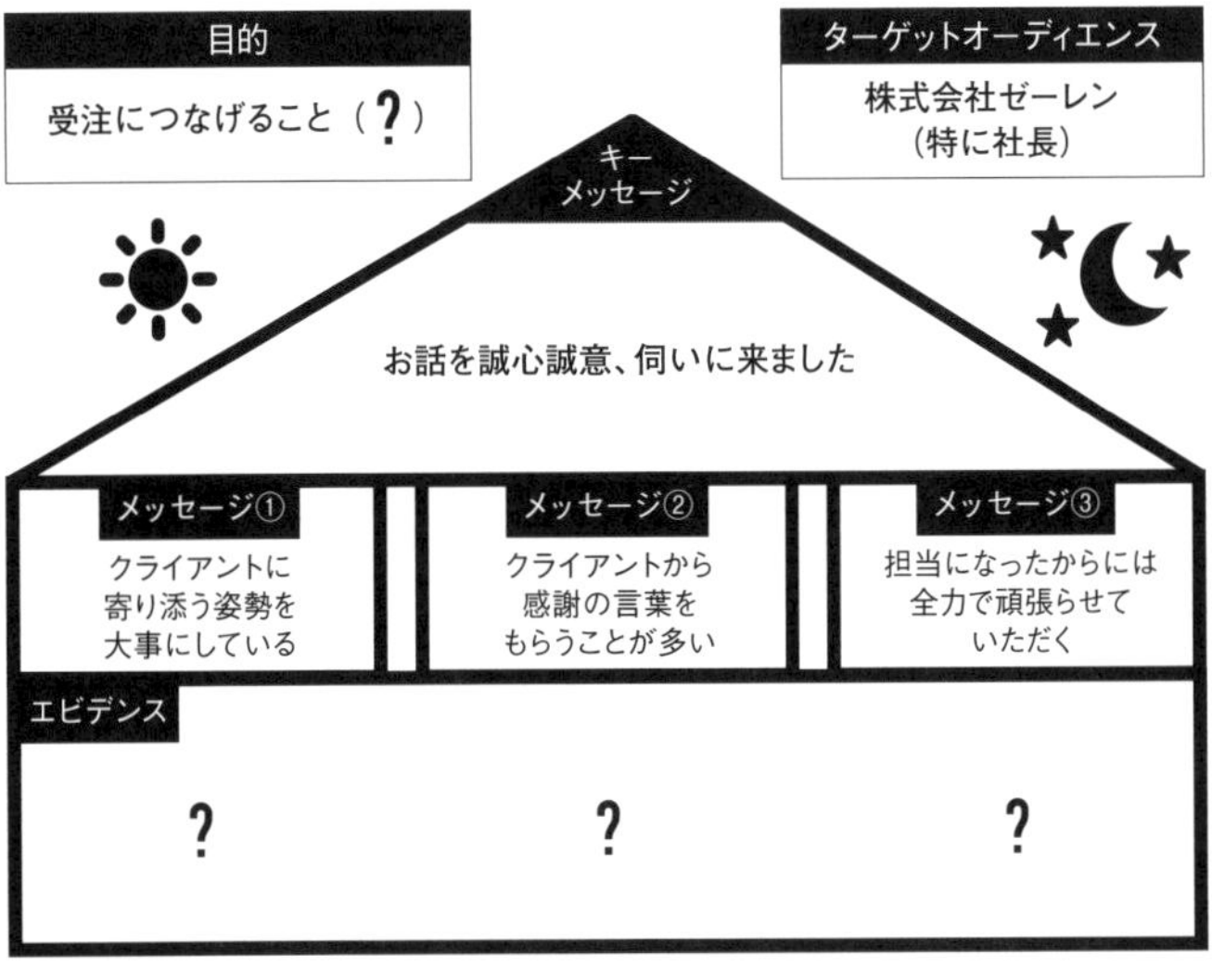
目的
受注につなげること（?）
ターゲットオーディエンス
株式会社ゼーレン
（特に社長）
キー
メッセージ
お話を誠心誠意、伺いに来ました
メッセージ①
クライアントに
寄り添う姿勢を
大事にしている
メッセージ②
クライアントから
感謝の言葉を
もらうことが多い
メッセージ③
担当になったからには
全力で頑張らせて
いただく
エビデンス
?
?
?

で、碇さんの発言は、目的があまりはっきりしておらず、コンサルティング会社社員としてクライアント候補との営業目的の打ち合わせに、「受注につなげること」という目的をいだいていたのかどうか、疑問です。なので、カッコ付きで？（ハテナ）です。

ターゲットオーディエンスはいかがでしょうか？　綾波さんはどうも、ゼーレンを相手として認識しつつも、その事情はさほど気にしていない様子でした。碇さんはむしろ、まずはターゲットオーディエンスであるゼーレン、特に社長個人を意識しているようです。


もう、明白ですね。よい、上手い、優れた「説明」は、伝え手の目的と受け手であるターゲットオーディエンス、双方の事情をふまえたものです。自分の目的も、ターゲットオーディエンスの都合も、両方大事なのです。この点で二人はすれ違っているようですね。

すれ違いが顕著に出ているのは、キーメッセージです。綾波さんは「ＫＭＩの強みを活かしたマーケティングの支援をします」で、碇さんは「お話を誠心誠意、伺いに来ました」でしょうか。言わずもがな、キーメッセージが2つある「説明」は、メッセージの受け手からすると大いに混乱すると思います。ないし、キーメッセージがなく、メッセージが2つあるような印象を受けるかもしれません。結果、「説明」の効力は薄くなると思います。

ここにも問題がありますね。

そして、メッセージはもちろん、両者で異なったものになっているわけですが、もっと問題なのは、碇さんのエビデンスです。実際に綾波さんが指摘していたように、碇さんの主張には具体性や根拠、エビデンスらしきものが登場しませんでした。すべてハテナです。

この「説明」ですと、気持ちは伝わるのかもしれませんが、なかなか、なるほどというわけにはいかないです。心は打っても、頭は置き去りな「説明」なのではないでしょうか？

商談までは時間がありますが、現時点では両者ともに本書がよい、上手い、優れていると考える「説明」未満、「説得」未満の、中途半端な「交渉」にとどまっているようです。

本書はメッセージハウスを知り、理解し、使えるようになるための本ですから、シナリオはメッセージハウスを意識した内容にしています。よくある「雑談」はもっと、とりとめもなく、結論もなく、不必要な情報だらけの、「説明」未満の状態にとどまることが多いように思います。ご了承ください。

一方、メッセージハウスをふまえた上で、特にビジネスにおける「雑談」とは何かを、以下に整理しておきます。そして、「雑談」をこなすためのコツなどをご紹介します。

メッセージハウスをふまえた「雑談」への対策

まずは「雑談」の目的、言い換えると、「雑談」とはどのような目的のためのコミュニケーションなのかを確認したいと思います。端的に言って**「雑談」とは、特にビジネスにおいては、「心技体を整えるためのコミュニケーション」**ではないでしょうか。いろいろなコミュニケーションが始まる前の準備体操、ストレッチみたいなものです。正確に言うと、伝え手と受け手とが組んで、二人一組でやるペアストレッチですね。

ストレッチですから、いろんな部位をほぐして、確認しておくことが望ましいです。体の前、後、横、首、手、胴体、足など。これをコミュニケーションに置き換えれば、非言語情報（表情、ジェスチャーなど）、音声情報（声の大きさや高さ、リズム、速さなど）、言語情報（言葉自体）などです。ですから、特に「商談」前の「雑談」などは、実はこれらをいろいろと試し合っているような時間になると思いませんか？

そしてストレッチは体と同じく、心を整える時間でもありますよね。メッセージハウスも含めた、いろんな伝え方をとりとめもなく試すようなところもあると思います。つまり、心技体を整える時間が「雑談」タイムです。非言語、音声、言語情報の違いについては、次章で詳しく触れています。まずは先取りして、さわりの部分をお伝えしています。

では「雑談」でのコツをご紹介します。

まず、いろんな書籍でも触れられているように、「雑談」は共通の話題を1つの題目（テーマ）とすると、捗《はかど》りやすいですね。典型的な例は、天気のお話。最近話題になっていること。共通の知人に関する話などでしょうか？

一方で、天気といった共通の話題ではなく、人とは違うトピックを持ってくる際も、「雑談」が盛り上がったりもしませんか？　例えば、「実はあの有名人は同級生で……」のような話をすると、盛り上がりますよね。ひとしきり伝え手が差別化されるような話で盛り上がった後、「有名人と知り合いだったりしますか？」などと相手にふることで話題を共通化させて、また、差別化して……といった感じではないでしょうか？

つまり「雑談」は実は、「共通（化）から差別化へ」を繰り返していることが多いです。

この繰り返しを意識してみてください。「雑談」タイムが充実してくると思います。

また、「雑談」で、いつも、絶対、完璧な「雑談」をしようとすると、とても息苦しいですね。ぜひここでは、「おも（し）ろく、遊びながら、良い加減」なコミュニケーションをすることをおすすめします。心技体をほぐし、整えることが目的ですから、ユーモアを持って、遊びながら、良い加減に、共通（化）と差別化を繰り返しながら、好きなことをお話しするのが、「雑談」のコツだと思います。

さて、雑談ですから、もちろんあまり形式ばったり、結論を求めるために議論をする必要は必ずしもないのですが、まだまだ碇さんと綾波さんとの間には、心技体を整え合ったり、互いのメッセージをすり合わせたりするような人間関係は、築けていないのかもしれません。ぜひ今後の展開を見守りましょう。

【会議】まずは「広く、高く、遠く」。そして「狭く、低く、近く」で解決

綾波さんとのすり合わせは不調に終わり、自らの説明力不足を痛感した碇さん。綾波さんに指摘されたように、何のための商談なのか、自分の主張の根拠はどこにあるのか、自問自答しています。そして大事な商談を前に、効果的な説明のフレームワークなどを勉強した結果、碇さんは何かをつかめたようです。

今日は会議形式での社内研修の講師として、部下にあたる飛鳥《あすか》ラン（女性、22歳）さんに、「社会人としての心得」について「説明」することになっています。新卒入社の飛鳥さんは留学経験がある前途有望な方ですが、社会人に求められる知識や経験はこれからもっと身に付けていくところです。碇さんには今回、秘策があるようですが……。

碇「本日の研修は『社会人としての心得』についてですが、飛鳥さんはドイツに留学経験があるんですよね？」

飛鳥「はい、そうです。」

碇「きっとドイツと日本とでは、言語や習慣、文化、常識などが違うのだと思います。でも今日、ボクが伝えたいのは、ドイツであろうと日本であろうと、『社会人としての心得』の一番大事なことは同じだということです。それは相手に対する尊敬です。これが今日、一番伝えたいことです。」

飛鳥「よくわかります。」

碇「ポイントはまず、相手を尊敬することによってこそ、自分が尊敬されるようになることです。この相互の尊敬の連鎖が、社会人としてだけでなく個人としても、よい関係を拡《ひろ》げていく第一歩です。例えば、あいさつですね。あいさつをすることは、相手の存在を認めて、受け入れて、失礼のないように敬意を示すことでもあります。ですから、社会人であれば、気持ちよくいろんな方とあいさつできることが望ましいわけです。次に、信頼も大事ですね。互いに尊敬し合って、一緒に仕事をしていくと、相手に対する信頼も育っていきます。同様に、相手もこちらを信頼してくれるようになります。例えば、分業というのは、たとえ自分の方がよくできることでも、自分が専念する仕事と、相手にお願いする仕事とに分けて進めることで、短い時間でより多くの成果をあげるための工夫です。もちろん分業が上手くいかない時もありますが、同僚と仕事を分担して進めることは、仕事を終わらせるだけではなく、信頼関係を築いていくことでもあります。わかりますか？」

飛鳥「わかります。以前はよく、姉から『あんた、バカ？』と言われたのですが、大人になって、互いに相談し合うようになってからは、言われなくなりました。だんだんと、互いに尊敬や信頼をし合うようになったのだと思います。」

碇「そうなんですね。あともう1つ大事なポイントは、社会人になるといろんな立場を経験するようになります。立場によって、相手に対する配慮も変わってきますし、同様に、こちらも必要な配慮をしてもらえないと、自分の立場に求められる役割が果たせなくなりますね。いまもし飛鳥さんが、以前の飛鳥さんのお姉さんのような気分で、ボクに接するようであれば、研修は当然、上手くいかないと思うんです。」

飛鳥「確かに。よくわかります。」

碇「ですから、再度言いますが、相手に対する尊敬、これが大事なことです。そこから自分への尊敬、相互の尊敬、相互の信頼、そしてお互いの立場への配慮などが生まれてくるんですね。」

飛鳥「碇さん、ありがとうございます。わかりやすいですね。」

碇「よかったです。本当は、上手く説明する自信がなかったんです。困っていたんですが、開き直って、実は飛鳥さんが以前、ドイツに留学していたと聞いて、ドイツで好まれる話し方の順番や、『説明』する際のフレームワークなどを勉強してみたんです。付け焼き刃で使ってみましたけど、やっぱり、緊張します……。」

ワーク：難易度★☆☆☆☆

1．碇さんの「説明」をメッセージハウスにイメージしてください。
2．碇さんが使ったフレームワークは何でしょうか？（複数回答可）
＊メッセージハウスは必ずしも、すべての要素が埋まるとは限りません。

碇さん、手ごたえがあったようですね。綾波さんとの一件があって以来、ゼーレンでの打ち合わせに向けて、社長が求める説明力アップに努めてきているようです。

さて、メッセージハウスの模範解答は左図に示しておきました。
今回のメッセージハウスをイメージするのは、比較的簡単だったのではないでしょうか？ メッセージハウスの要素も関連性が高く、想像しやすかった気がします。また、エビデンスは、具体的な事実や数字よりも、仮説のような例示にとどまっていました。

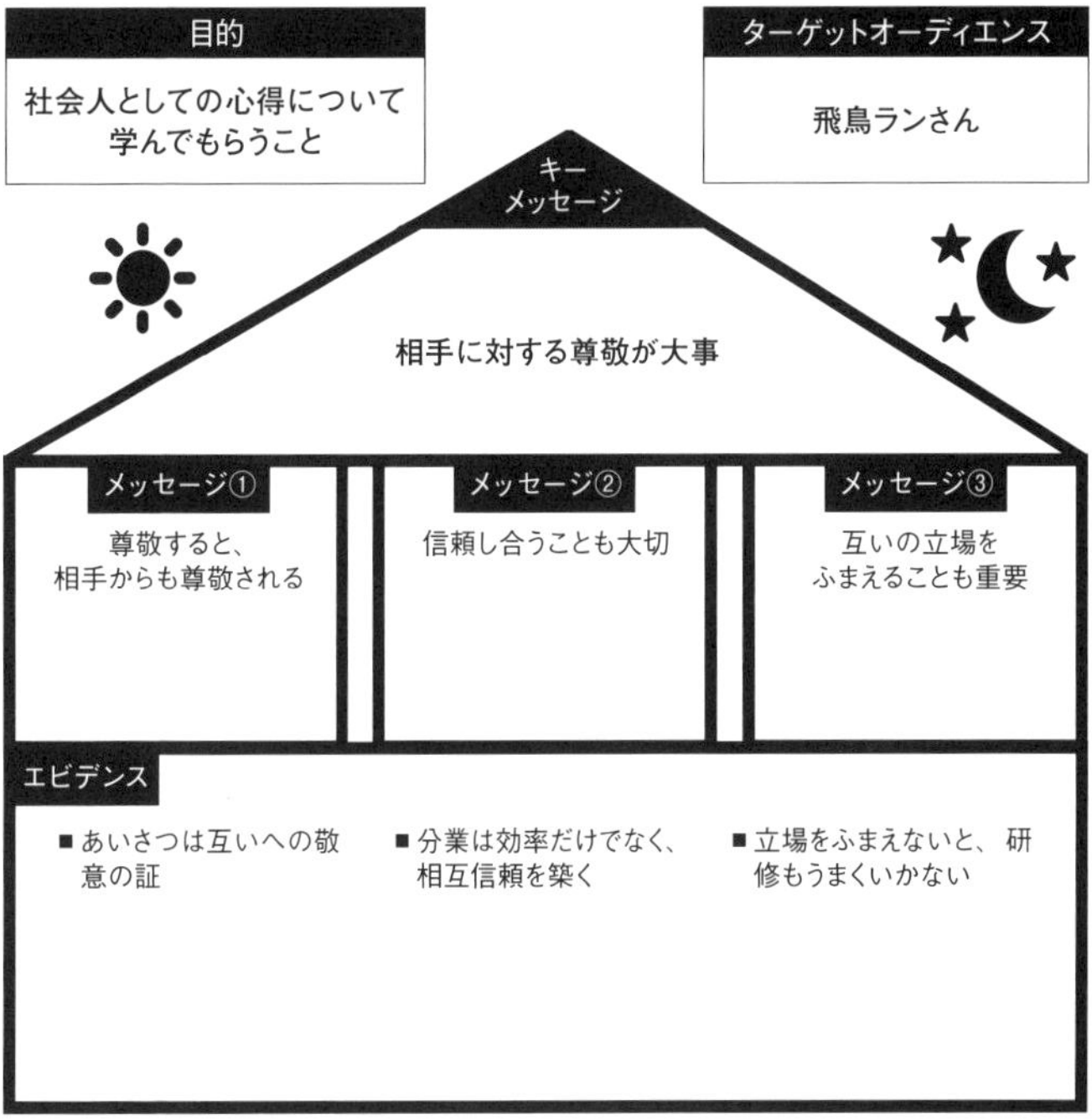

一方で今回、より注目していただきたかったのは、ドイツ留学の経験がある飛鳥さんにとってわかりやすくなるように、碇さんが試したという「説明」のフレームワークです。お気づきになりましたか？

はい。まず挙げられそうなのは、逆ピラミッド型の論理構造ですね。「ボクが伝えたいのは」、「これが今日、一番伝えたいことです」などの言葉で、「説明」の冒頭に結論を述べています。その後はメッセージやそのエビデンスとなる仮説などを紹介していました。これは気づきやすかったですね。

他にも挙げられますね。はい、そうです。PREP法やSDS法も使っていますね。最初に一番のポイント（SDS法ではサマリー）を言って、理由や例示（SDS法では詳細部分）をしてから、最後にまたポイントを念押ししています。

碇さんは欧米では比較的、このようなフレームワークで想定されている逆ピラミッド型の論理構造が主流ということを、事前に知って、使っていたのですね。

今回は典型的な「説明」のコミュニケーションだったと思います。その分、メッセージハウスもシンプルですっきりとしていました。

メッセージハウスをふまえた「会議」への対策

さて、「会議」とはどのようなコミュニケーションでしょうか？

端的に、**会議とは「情報と意見を整理して合意するためのコミュニケーション」**だと思います。「会議」ではデータも含めたいろいろな情報が共有されます。また、それらへの判断が表明されたもの、つまり、意見も共有されます。さまざまな「説明」や「説得」、時に「交渉」や「和解」を目指すようなやりとりが、「会議」では交わされます。

では「会議」で確認すべきことはなんでしょうか？　それは、「議題」と、その「議題」に関する議論を継続すべきか、解決したとみなすべきか、です。議論継続か議題解決か、ですね。

まず、「会議」は「合意をするためのコミュニケーション」ですから、議論のテーマが要ります。それはつまり、「議題」です。アジェンダ（agenda）ともよく呼ばれます。時に「議題」がないままに始まる「会議」もあります。そのような「会議」では、「会議」中に情報や意見を整理することで、「議題」自体を見つけたりします。いずれにせよ、なんらかの「議題」について話し合い、合意を形成しようとするのが「会議」です。

そして「会議」での合意とは、その「会議」後も同じ「議題」について議論を継続するのか、ないし、その「議題」については議論を完了とみなす、つまり、解決とするのかについての合意です。ビジネスの現場では、会議の準備とは、すなわち、議題（アジェンダ）の準備やそれに従った資料作りであることが、とても多いですね。

なお、「会議」には「雑談」が含まれることも多いですね。その逆に、「雑談」に「会議」が含まれているような、さきほどの碇さんと綾波さんとのやりとりのようなものは、むしろ少ないと思います。つまり、「会議」力には、「雑談」力も含まれると言えそうです。

では、メッセージハウスをふまえた上で、「会議」でのコミュニケーションをする際のコツを紹介しておきます。これはメッセージハウスの作り方とも似ています。「会議」はいわば、さまざまな情報や意見を、合意された形へあてはめていく作業ですから、ちょうどメッセージハウスを埋めていく時のように、発散する段階、調整する段階、収束する段階などがあります。

この特徴を見越した上で、まず議論を発散させる時は、考えを「広く、高く、遠く」に向けるようにしてみてください。ブレインストーミングと呼ばれるアイデア出しの場面なども同じで、自由にどんどんアイデアを出すことが望ましいです。いわば、幅、高さ、長さを伸ばすように、つまり、「広く、高く、遠く」へ議論を膨らませていくことが、生産的な「会議」の第一歩だと思います。

逆に議論を収束させる時は、幅、高さ、長さを短くするように、「狭く、低く、近く」

を意識しながら、議論の収束、着地を狙っていきます。この議論の発散と収束を続けることで、最終的には最適な合意が作られていくイメージです。

なお、発散する際はオープンクエスチョン（回答の方向性が自由な質問）が使われ、収束する際はクローズドクエスチョン（回答の選択肢が狭められている質問）が使われることが多いように思います。1つの目安にしてみてください。オープンクエスチョンやクローズドクエスチョンについては、次章でより詳しく触れています。

【商談】「共感を広げて、正しくて、驚くようなコミュニケーション」で解決

さて、ゼーレン社の応接室に通された碇さんと綾波さん。二人は1週間前の意見交換以降、本日のクライアントとの打ち合わせについて、調整を続けてきました。互いに欠けて

いた視点をある程度は補う資料作りはできたようです。最終的には綾波さんの提案で、作成済みだった綾波さんの資料を補強して、ゼーレン社からのヒアリングを待たずに、まずはＫＭＩが提案しうることを伝えることにしました。碇さんは今回、ゼーレン社の社長、五島ナギサ氏（男性、55歳）との関係作りに専念するような役回りになっています。碇さんと綾波さんの強みを生かしたという意味では、合理的な作戦です。

商談では、あいさつや簡単な世間話に続いて、まずは綾波さんからＫＭＩの提案を伝える話の運びになりました。

綾波「まず、弊社は御社が課題としているマーケティング領域に対して、ＫＭＩの強みであるマーケティング支援の豊富な実績と蓄積されたノウハウをもって、全力でサポートさせていただきます。ＫＭＩのマーケティング支援の強みはまず、価格戦略での支援です。業界大手であるＡＴ社に対して支援を実施したところ、価格戦略が功を奏した部分が多く、1年間で同社売上高の50％以上増加を実現しました。この際、側方支援として、財務面でのサポートも併せて行っております。我々は御社に、ＡＴ社と同様に、高価格戦略を採用することをおすすめします。」

五島「すばらしいですね。」

綾波「さらに、弊社は御社の製品戦略を支援させていただきます。特に御社には、製品の付随機能を拡充する戦略をおすすめいたします。というのも、こちらに用意したのが、弊社で事前に実施した簡単な競合分析の結果ですが、他社に比べて御社の場合、付随機能の拡充にはまだまだ成長の伸びしろが大きいものと考えます。また、こちらが御社の競合にあたるヤシマ社社長によるインタビュー記事ですが、付随機能としてのアフターサービスの重要性について語っています。差別化よりも他社に後《おく》れを取らないための選択肢として、付随機能の拡充は良案だと考えます。」

五島「そうなんですね。」

綾波「はい。そしてもう1つの支援の方向性は、流通戦略です。こちらはまず本日、御社からじっくりとヒアリングをさせていただいて、その上で戦略の方向性は検討したいのですが、加えて本日は、弊社の動画講座であるＥＶＡシリーズを紹介できればと思います。

こちらの会員になっていただけますと、流通戦略その他、マーケティングに関わる考え方や最新のトレンドなどが、ご確認いただけます。もちろん、顧問契約をいただいているクライアント様には相応のディスカウントをさせていただきます。」

五島「そうですか。いや、よくわかりました。とても重要なご指摘とご提案です。ありがとうございます。こちらからも少々、お話ししてもよろしいですか？　まず、弊社の使命、ミッションはご存じですか？」

綾波さんと碇さん、双方が顔を見合わせた後、首を振ります。

五島「いや、いいんですよ。テクノロジーの力で社会をアップデートする、なんです。そのためには、従来通り、良い製品を多くの方に、リーズナブルな価格で使っていただくことを目指しています。なので、高価格戦略は取りにくいんですね。また、アフターサービスに関しては、実は結構、皆様からご評価いただいていまして、ヤシマさんはむしろ、弊社の後追いと言った方が、業界評として正しいと思います。あと、ＥＶＡシリーズはすでに存じ上げてますよ。人気がありますからね。ただ、いま弊社がマーケティングの中でも課題だと思っているのは、プロモーションの分野なんです。」

碇「誠に申し訳ありません。社長のお考えをまずはしっかりと伺ってから進めさせていただければと思っていたのですが……。」

五島「いえいえ、大丈夫ですよ。ただ、プロモーション戦略について伺いたかったことと、あと、御社の実績もさることながら、それがどのような変化を弊社にもたらしていただけるのかについて、もっと伺いたかったです。あと、弊社の使命をふまえた上で、社会的に望ましい会社経営と事業のあり方はどのようにすべきか。……難しそうですか？」

綾波「……いいえ、再度、ご提案させていただければと思います。」

碇「全力で頑張らせていただきますので、何卒、お願いいたします！」

五島「そうですか。ありがとうございます。……そんな顔しないで。また会えますよ。碇さん。」

ワーク：難易度★★★★☆

1．綾波さんの「説明」をメッセージハウスにイメージしてください。
2．次はどのような点で、メッセージを改善すべきでしょうか？（複数回答可）
＊メッセージハウスは必ずしも、すべての要素が埋まるとは限りません。

いかがでしたでしょうか？　案の定、鼻っ柱を折られるような結果になってしまいました。何が欠けていたのでしょうか？　どうすればよかったのでしょうか？　幸いにもまた提案のチャンスはいただけたようですが、次はどんな提案にすればよいのでしょうか？

本書はマーケティングの本ではなく、コミュニケーションに関する本ですから、もちろん、コミュニケーション面での改善点を探っていきたいと思います。まずは左図が、メッセージハウスの模範解答です。

メッセージハウスのイメージは、かなりの完成度だと思います。二人で雑談した時のように、一方が目的、もう一方がターゲットオーディエンスをふまえていないといった、致命的な問題はないかもしれません。キーメッセージも結局、1つに定まっています。また、メッセージやエビデンスも、当初の想定よりも、より詳しくなっていると思います。

ただやはり、ターゲット

オーディエンスに関する理解が不十分だった点は否めないと思います。特に、先方が自社の使命に掲げていることを両者が見落としていた点は、いただけないですね。そのために、価格戦略も、製品戦略も、誤った評価をしてしまったのだと思います。

別の見方をすれば、綾波さんは自らの目的を果たすことに比重を置きすぎた気もします。受注につなげることに集中しすぎたためでしょうか。自社の強みだから提案するという、自社本位な部分が強すぎたかもしれません。

一方で碇さんはというと、話のリードを担っていないにせよ、エビデンスも含めた事前情報の確認ではよいサポートができていなかったのだと思います。もっと、綾波さんをカバーするような準備をしてもよかったように思います。コミュニケーション面でも、ただ気持ちを伝えるだけでは、難しい局面の商談では、乗り切れないかもしれませんね。

メッセージハウスをふまえた「商談」への対策

さて、「商談」とはどのようなコミュニケーションでしょうか？　製品を買ってもらうこと。契約を締結してもらうこと。お金を払ってもらうこと。もう少しマイルドに言うならば、**「ビジネスパートナーへと誘うためのコミュニケーション」**でしょうか。

製品を買うのも、契約を締結するのも、お金を払うのも、要は、ビジネスのパートナーとしてお誘いして、受け入れてもらった結果だと思います。

その上で、「商談」の際に確認するべきことは、双方のビジネス上の利害と、先方とこちらとの関係値、言い換えれば、よい関係が築けているかどうか、でしょうか。

まず「商談」とはビジネスパートナーへのお誘いですから、ビジネスとしての利害が絡まっています。どの部分が相手にとって得なのか損なのか、こちらにとって得なのか損なのか、これを営利的な側面から確認することが、「商談」に求められますね。

また、相手との関係性とは利害だけでなく、好きか嫌いか、心地よいか悪いかなどの、感情的な側面もあります。相手が社会的にどのような位置にあるのか、大企業なのか、外資系なのか、有名企業なのかなど、社会的な側面からも、関係値は変わると思います。

これらを確認する時間が「商談」タイムです。これらの枠組みを作ることは、メッセージハウスを有効に使うためのスキルとして、次章で再度、取り上げます。

また、すでにお気づきかもしれませんが、「商談」は「会議」的な側面も含みますよね。いろんな合意形成に向けての話し合いにもなります。つまり、「会議」パートでの議論を含めてまとめると、「商談」力とは、「雑談」力や「会議」力を含む、より総合的なものということになります。

そのために、メッセージハウスをふまえた「商談」でのコツとは、コミュニケーション上のさまざまな課題解決の糸口になるような、汎用性の高いものです。ぜひ、「商談」も含めて、いろいろなコミュニケーション上の課題に直面して行き詰まりそうになったら、「共感を広げて、正しくて、驚くようなコミュニケーション」を目指してみてください。

まず、「商談」も含めて、多くのコミュニケーションで行き詰まっている時は、理性的、合理的な側面にとらわれすぎて、身動きがとれなくなっている場合が多いです。

頭から湯気が出るほどに、いろんな可能性を考えても、どうにも十分に合理的な結論が出ない、合意にいたらないって時、ありませんか?

そんな時は、一息ついて、相手の立場に立った上で、どのようにしたら相手の気持ちに共感できるか、考えてみてください。また、相手にも自分の立場に立ってもらって、こちらがどのような気持ちなのか、想像してもらってみてください。このような「共感」ベースのコミュニケーションを、ふと立ち止まっては心がけると、さきほどまで行き詰まっていた議論が、すっと心地よく、解決することがあります。

また、「商談」も含めた話し合いの行き詰まりの原因が、実は、話し合いの土台、エビデンスやそれらをつないでいるロジックが正しくないことだと、あとで発見することも多いです。議論の前提、そもそもの条件についての認識が違うと、もちろん、最適な合意からは遠くなります。つまり、いかに話し合いの前提、土台になる情報が、本当に正しいのかを確認することが、「商談」を成功に導くコツの1つです。

そして、どうにも膠着《こうちゃく》した事態を打開するためには、少し見方を変えて、何か「あっ」と言わせるような展開を探してみてはどうでしょうか？　よく「いやー灯台下暗《もと》しだった」とか、「想定外の展開で一気に解決」のようなこと、ありませんか？　何か、驚くようなもの（surprising fact：サプライジングファクト）が見つかると、課題解決に向けて加速することが多いです。コミュニケーション上の工夫としても、休憩中にちょっと笑える打ち明け話みたいなものを伝えたら、休憩後の話し合いでは、和気あいあいと嘘のようにすっきりと、話が上手くいくかもしれません。

これらをまとめると、「共感を広げて、正しくて、驚くようなコミュニケーション」ということになります。

コミュニケーションが上手くいかない時は、どうも共感や、ベースとなっている物事の正しさや、見落としているあっけないことを見つけることが、解決の糸口になることが多いのではとの、経験に基づいた提案です。

また商談は、入念な準備をすることがもちろん望ましいのですが、先方がどのように出て来るかは、蓋をあけてみるまではわからないケースが普通です。短い時間で、自らの立場と先方の立場を把握して、どのようにビジネスとしてウィン・ウィンな結果を導くか、水面下ではいろんな思惑が交差する場ですね。

五島社長は流石《さすが》でした。方向性が違う提案をしている綾波さんと碇さんの説明を、まずは肯定的な相槌《あいづち》を打ちながらしっかり聞いた上で、五島社長が主張したい内容（キーメッセージ）について自然と伝えていました。ここでは次章で紹介するテクニックがさりげなく使われています。

さて次の提案では、どのようにメッセージを改善すればよいのでしょうか？　ワークの2つ目の質問に対する回答ですが、ここはぜひ、上司である営業部長の葛城さんから学びたいと思います。まずは次のお話に進んでみましょう。

【報連相】「説明」にフォーカスして解決

帰社した二人は、営業部長である葛城チサト氏に打ち合わせの具合について報告しました。話を聞いた葛城部長は、碇さんと綾波さんに営業部長としてフィードバックします。

葛城「そうだったの。二人ともお疲れ様。いい勉強になりましたね。私から言えることはまず、先方へのヒアリングが済んでいなかった点も問題だけど、ゼーレンのミッションや市場での評価などをおさえていなかった点は、二人とも、大いに反省点です。次の提案の方向性は明白ですよね、綾波さん？」

綾波「プロモーション戦略です。」

葛城「そう、プロモーション戦略。この点について先方の現状や問題意識、課題感など、十分なヒアリングはできていますか、碇さん？」

碇「いえ、まだだと思います。」

葛城「メールや電話などでもいいから、先方に連絡して、少しでも多くの情報を収集する必要があります。その上で、提案自体は作り直すとしても、伝え方の部分で、改善点があると思います。１つ目は、先方の理解やロジックの枠組みだけでなく、気持ちや関係値の面で、よい話し合いをするための枠組み作りがおろそかになっていませんか？　だから、間違った方向の提案をしてしまうし、話しやすい環境がないから、ヒアリングも進んでいないんじゃないかな。ここは碇さん、今日中にお礼メールや電話をして、次の提案日までに改善できるかしら？」

碇「はい！」

葛城「あと、先方にとってウチが、これから伴走していきたいビジネスパートナーになるためには、先方にこれからの、ウチと一緒に歩んでいく未来のイメージをいだかせたいところです。この点について、先方もどんな変化が起きるのか、知りたがっていたんでしょう？　その気持ち、よくわかります。あと、『テクノロジーの力で社会をアップデートする』というしっかりとした社会的なミッションを掲げているわけだから、当然ただ、御社の売上を上げます、なんて目標は提案できません。わかりますか、綾波さん？」

綾波「はい、わかります。」

葛城「例えば、AT社への価格戦略支援は上手くいった例だけど、あの案件も、社長へのヒアリングは提案前にしっかりやって、その後、先方の関係者すべてにヒアリングをすることをして、ようやく先方の社内も社外でも、上手くいきそうなプランが見つかりました。あと今回、見積りやプロジェクトのスケジュール案などはつけていると思うけど、こちらをもっと精緻化することで、より将来のイメージがわくと思う。鈴原さんがやっていたプロジェクトで似たような資料を作ったことがあるから、参考にしてみて。あとは、社会性ね。そうですね。セントラル社のケースや、ドグマ社のケースなんかも、社会性を意識した案件だった気がする。この辺も確認してみて。」

碇・綾波「はい！」

葛城「奇跡を待つより捨て身の努力よ。頑張りましょう！」

ワーク：難易度★★☆☆☆

葛城部長の「説明」をメッセージハウスにイメージしてください。

＊メッセージハウスは必ずしも、すべての要素が埋まるとは限りません。

いかがでしたでしょうか？　いわゆる報告・連絡・相談、略して「報連相」の場面だったと思います。さすが葛城部長です、イメージすべきメッセージハウスは比較的、思い浮

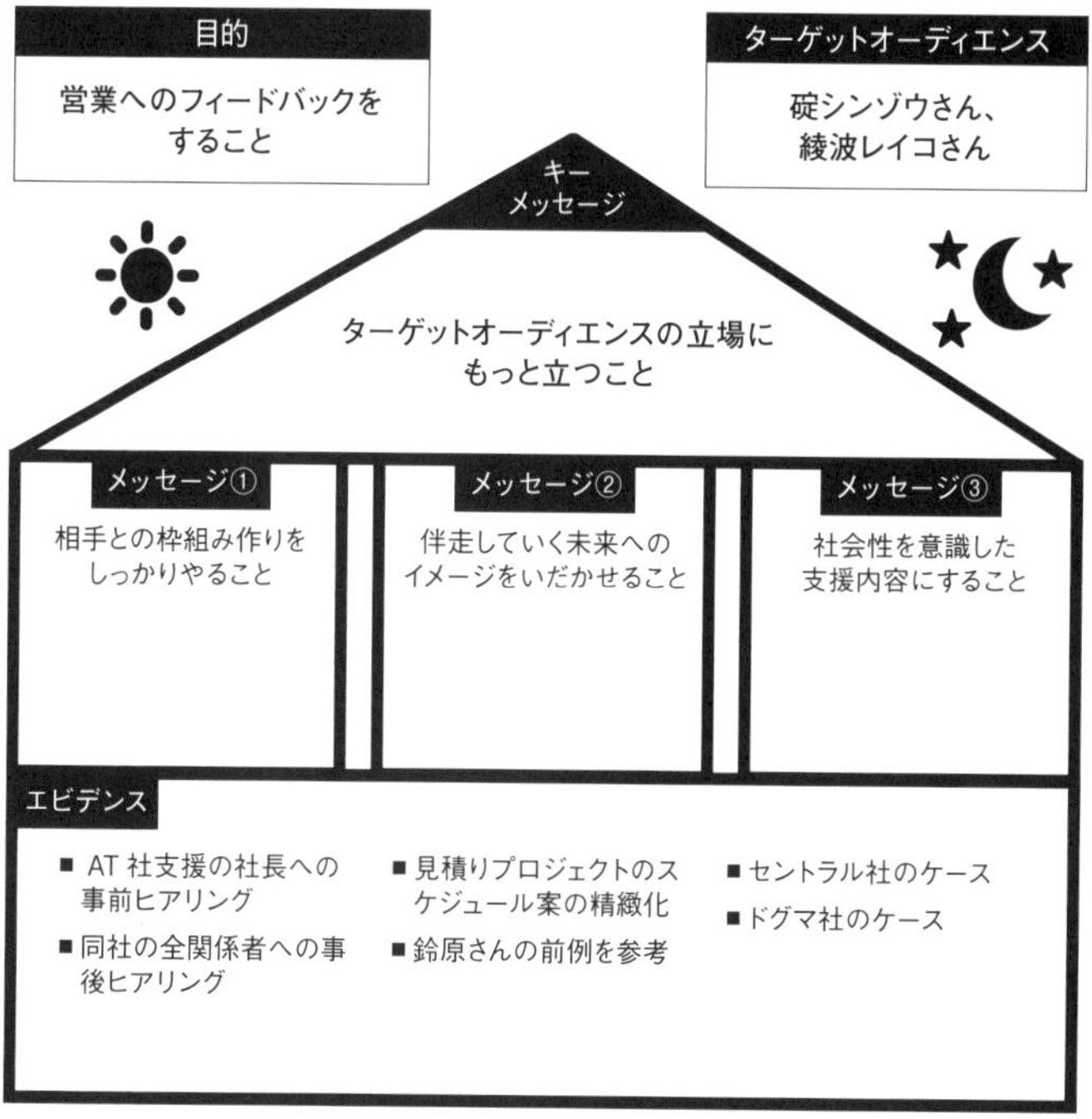
目的
営業へのフィードバックをすること
ターゲットオーディエンス
碇シンゾウさん、綾波レイコさん
キーメッセージ
ターゲットオーディエンスの立場にもっと立つこと
メッセージ①
相手との枠組み作りをしっかりやること
メッセージ②
伴走していく未来へのイメージをいだかせること
メッセージ③
社会性を意識した支援内容にすること
エビデンス
■ AT 社支援の社長への事前ヒアリング
■同社の全関係者への事後ヒアリング
■見積りプロジェクトのスケジュール案の精緻化
■鈴原さんの前例を参考
■セントラル社のケース
■ドグマ社のケース

かべやすかったのではないでしょうか？

あと、さきほどのワークの2つ目の質問ですが、回答は見つかったでしょうか？　葛城部長が改善点として挙げた点が、回答になるかと思います。では、メッセージハウスの模範解答を見てみましょう。

前回のワークの2つ目の質問に対する回答は、葛城氏のメッセージ①、②、③です。

具体的にはどうすればいいのか。それぞれ、次章でメソッドとして取り上げていきます。

メッセージハウスをふまえた「報連相」への対策

「報連相」とはどのようなコミュニケーションでしょうか。いろんな定義の仕方があるとは思いますが、私は**「報連相」とはつまり、「ある状況を関係者に『説明』するためのコミュニケーション」**だと思います。言い換えると、「報連相」では「説得」、「交渉」、「和解」のようなコミュニケーションはあまり必要ないということです。

特に相談において、「説明」以上のことにあまり意識が向いてしまうと、他の方から意見をもらうという相談本来の目的よりも、相手を説き伏せる「説得」になってしまいます。もちろん、連絡や報告ではより、事実を伝えることに重きが置かれていると思います。

この認識はコツを考える際も同様です。

確認すべきは、伝え手が情報を、受け手とどれほど共有できたか。また、受け手が情報をどれほど理解できたか、でしょう。

さてコツですが、これは「説明にフォーカスすること」だと思います。特に報告や連絡では大事です。「報連相」で「説明」よりも、自分の意見や、それに基づいた利害関係を相手と調整するような「説得」、「交渉」、「和解」に比重が移ると、伝え手の主観がたくさん入り込んだ前提の上で、受け手は状況を理解していく羽目になります。エビデンスが伝え手の主観で歪《ゆが》んでいると、よい「説明」になりません。

「報連相」では、メッセージハウスの出番が多いと思います。綾波さんが得意な、理路整然とした、効率的なコミュニケーションが求められやすい場面だと思います。短い時間でわかりやすく、また、時に忙しい受け手の状況もふまえた「報連相」が望ましいと思います。メッセージハウスのメッセージ①、②、③も短めにまとめ、説明の際に使うエビデンスも必要十分にとどめておくのがよいでしょう。

お話も大詰めです。碇さんと綾波さんが次の商談に向けて新しい資料を準備していたところ、葛城部長から連絡が入りました。次にゼーレンに行く前に一度、社長へプレゼンをするようにとのことです。碇社長が葛城部長に命じたそうです。

【プレゼン】「説得」「交渉」「和解」にフォーカスして解決

社長「入り給《たま》え。」

碇さんと綾波さんが社長室に入る。

社長「葛城部長から話は聞いた。なぜ今回のようなことになったのか。理由を聞きたい。」

綾波「申し訳ございません。次回の提案に向けて内容を練り直しました。」

社長「結論ではなく経緯を君たちの口から聞きたい。何があって、いま何をしているのか。

そしてこれから、どうするのか。」

碇「この数週間、他の案件を回しながら精一杯やってきました。」

社長「言い訳は要らない。責任を果たしなさい。……まぁいい。プレゼンを始めなさい。」

プレゼンの準備をする碇さんと綾波さん。

碇「では、次回のゼーレン社への提案について、現行案のプレゼンテーションを始めます。前回のゼーレン社、五島社長との打ち合わせ後、メールと電話にて先方の状況やニーズ、思い、弊社への期待などの把握に努めました。また、弊社が過去に手掛けた事例や、他社の事例などを、総合的にリサーチしてきました。その結果、今回の我々の提案は端的に、プロモーション戦略の中でも、『社会から尊敬と信頼をあつめるレピュテーション向上のための広報活動』を、ゼーレン社に提案しようと考えています。

これは弊社の目的として、ただのマーケティング支援にとどまらず、『テクノロジーの力で社会をアップデートする』をミッションとするゼーレン社の、社会的な取り組み自体を支援することを目指しています。そのためにこそ、広告や宣伝のような直接的な手法よりも、広報という、第三者からの支持を広く集めることを目指す活動を、提案します。これはもちろん、五島社長へのヒアリングを経て、先方が期待することになるべくお応えすることを目指した結果です。」

綾波「ここからは私が説明させていただきます。以上の提案の方向性と目的、先方の期待をふまえた上で、弊社は大きく3つの活動をはじめの半年で目指します。まず最初の3カ月間で、メッセージ戦略の支援から始めます。ここでは、以前弊社がセントラル社やAT社に実施した事業を紹介します。ゼーレン社が発信するメッセージが、社外で注目を集めるものにするために、メッセージを工夫します。例えば、業界第1位のアフターサービスを提供、などです。また予算は3カ月で、これぐらいを想定しています。

次の2カ月では、設定したメッセージの受け手としての、ステークホルダーを整理します。予算はこれぐらいです。弊社がドグマ社を支援する際に実施した調査などを参考事例として紹介します。調べたところ、五島社長は今年、ゼーレン社のホームページでも発表しているように、いままでは関係構築が進んでいなかったマスメディアや海外市場の関係者とも、つながりを深めていきたいとのことです。また弊社提携会社へヒアリングしたところ、ゼーレン社は海外市場でよく認知されているとのことでした。

半年のうち残りの1カ月は調整期間や次の契約に向けての提案期間として確保します。予算もこれほどを想定します。先方には半年後以降の展望として、次にアプローチ手法を整理することを頭出ししておきたいと思います。プロジェクトのタイムラインとともに提案予定です。」

社長「プロモーション分野についての弊社実績について、どう考える、綾波さん。」

綾波「プロモーション分野の実績は、強みとは言えない認識です。一方でゼーレン社の期待に応えるために、半年後以降は、以前も提携実績があるロンギヌス社と提携しながら、進めていきたいと思います。ロンギヌス社に実施を担ってもらいながら、次はより長い、1年の支援計画を想定していただく流れです。ウェブサイトやニュースレター、SNSなどを活用し、SNSではアカウントを新設の上で、1年以内にフォロワー数1万、エンゲージメント率５％を目指します。以上の広報戦略支援案を、提案したいと思います。」

碇「綾波さん、ありがとうございます。最後にまとめですが、我々は今回、ゼーレン社の使命をふまえたマーケティング支援をするために、プロモーション戦略として、ゼーレン社が社会から尊敬や信頼を集めるための、レピュテーション向上を目指す広報活動を提案します。この提案によって、担当者であるボクと綾波さんをはじめとする弊社と、五島社長をはじめとするゼーレン社、ならびに、社会にとっても有益な活動となるよう、全力を尽くします。以上です。」

社長「……。よくわかった。次回、先方に伺った際にはまず、謝罪をしなさい。今日の冒頭にあったような謝罪ではダメだ。また提案の最中にも、折をみて、謝意を伝えなさい。その上で、この提案を伝えてきなさい。以上だ。」

碇・綾波「ありがとうございました。」

社長「……。今日のプレゼン、わかりやすかったぞ。……よくやったな、シンゾウ。」

ワーク：難易度★★★★★

1．碇さんと綾波さんの「説明」を、1つのメッセージハウスにイメージしてください。
2．謝罪はどのように、改善すべきでしょうか？（複数回答可）
＊メッセージハウスは必ずしも、すべての要素が埋まるとは限りません。

お疲れ様でした。まだこの提案が先方に受け入れられるのか、上手く謝罪できるのかは、筆者の私にもわかりませんが、あとは碇さんと綾波さんにお任せしたいと思います。ひとまず社内では、めでたしめでたし、といった感じですね。

これまでのメッセージハウスをめぐる学びの総決算といったところでしょうか。次頁の図がメッセージハウスの模範解答です。

メッセージハウスの内容に関しては、今回はもう、申し分ないと思います。伝え手の目的と受け手であるターゲットオーディエンスの都合をふまえた、キーメッセージを設定し

目的
ゼーレン社の使命をふまえた
マーケティング支援を提案
ターゲットオーディエンス
ゼーレン社社長
五島ナギサ氏
キー
メッセージ
プロモーション戦略の支援をします:
社会から尊敬と信頼をあつめる
レピュテーション向上のための広報活動
メッセージ①
広報戦略の支援案①:
メッセージ戦略:
業界第1位の
アフターサービスを
提供、など
メッセージ②
広報戦略の支援案②:
ステークホルダーの整理:
マスメディア、
海外市場も意識、など
メッセージ③
広報戦略の支援案③:
アプローチ手法の整理:
ウェブサイト、
ニュースレター、
SNSなど
エビデンス
■セントラル社のケース
■AT社のヒアリング実態のケース
■期間は3カ月、予算も想定
■ドグマ社のケース
■ナギサ氏の年頭所感
■海外市場での評判
■期間は2カ月、予算も想定
■ロンギヌス社と提携
■フォロワー数1万、エンゲージメント率5%
■期間は1年、予算も想定

てあります。今回は「説得」のためではないのですが、提案内容自体が、メッセージ①から③へと流れていくものでした。こういったケースでも、メッセージの間に矢印を想定してもよいでしょう。

　メッセージの内容をエビデンスが支えて、それらがキーメッセージを支える、しっかりとした構造があったと思います。

　また、五島社長や葛城部長の指摘を、よくふまえられている点も、よかったところだと思います。そして最後に、KMI社とゼーレン社、社会の三方よしまで目指せたメッセージが想像できた点で、ただのメッセージハウスを超えて、より洗練されたメッセージハウスにまで達することができたと思います。

「和解」コミュニケーションですね。

なお、実はメッセージ戦略では、各メッセージをより注目を集めるものにするメソッドが使われています。このメソッドは、次章で詳しく紹介します。

そして謝罪という、とても難しいコミュニケーションをどのようにするべきか。今回の二人の謝罪は問題だらけだったようですが、果たして二人は上手く、次回の社長との打ち合わせで、謝罪も伝えてくることができるでしょうか？ ワークの2つ目の質問の回答にあたる、謝罪を効果的に伝える方法についても詳しく、次章で紹介します。

メッセージハウスをふまえた「プレゼン」への対策

私は**「プレゼン」とは、「整理された情報や意見を（一方的に）伝えるためのコミュニケーショ**

ン」だと思います。

「整理された」という部分が大事です。ただ漫然とではなく、整理した後に伝えるわけですから、当然、メッセージハウスとの相性は抜群です。合間に質問を受けつけたり、プレゼン後には濃密な議論の時間が待っていたりするとしても、プレゼンの最中は、伝え手から受け手にはかなり一方的にコミュニケーションする点が、特徴的だと思います。

「プレゼン」で確認するべきことは、これは「報連相」と同様に、伝え手の整理された情報や意見が受け手にどの程度、共有されたかどうか。そして、受け手がどのくらい、理解したのかどうか、だと思います。

そしてプレゼンのコツは、「報連相」での「説明」へのフォーカスを超えて、より「説得」や「交渉」、「和解」にフォーカスすることではないでしょうか？　プレゼンがただの「説明」ですと、いわゆる「で、何なの？」という質問をしたくなりませんか？　プレゼンは「説明」に加えて、行動指針を示すような「説得」や、互いの意見を交わし合うような「交渉」、また、互いにとって有益な理解や行動につながるような「和解」コミュニケーションを引き出すようなものを目指すことで、よりパワフルなプレゼンになると思います。

実は、今回のお話での登場順、つまり、「雑談」、「会議」、「商談」、「報連相」、「プレゼン」の順とは、後になるほど、メッセージハウスが活用しやすい順番にしています。

はじめの方に登場したビジネスシーンほど、形式ばっておらず、時に結論もなく過ぎ去ることが多いため、しっかりとメッセージハウスを作ってから臨みにくくなります。

一方で最後の方になるほど、メッセージハウスの構造を頭に入れた上で、それを最後まで伝えきるような場面だと思います。

とはいえ、メッセージハウスの有効性というのは、決してしっかり準備しないと発揮できないわけではなく、たとえ即興のコミュニケーションだとしても、頭や心の中でイメージできれば、それだけで、世界標準の説明力を発揮していくことができる点にあると思います。ここまで読み進めて、さらにワークも実践いただいた読者の皆さんならば、メッセージハウスの威力、実感いただけるのではないでしょうか。

もう、伝わる構造「メッセージハウス」は、ご自身の武器になりましたか？

では次に、「メッセージハウス」を武器にした方がさらに万全を期すために、そして、油断しないために、メッセージハウスに関わるその他の細かいメソッドやテクニックといったものも紹介しておければと思います。メッセージハウスという基本的な構造をふまえた上で、次章で紹介する事柄をさらに知識・知恵として身に付けることで、あなたの説明はより強く、すばやく、的確に伝わるものとなるでしょう。

次章は、いわばメッセージハウスの強化編です。実はもっとも実用的な章と言えるかもしれません。ここまでの章が説明の「考え方」を身に付けるものだとすれば、次章は「技」を紹介するものだからです。

CHAPTER 6

こうすれば、あなたの説明はもっと伝わる！

メッセージをパワーアップさせる方法

ここからは、メッセージハウスという武器を、さらに効果的に使うための方法を紹介できればと思います。

筆者はコミュニケーションのコンサルタントをしていますが、コンサルタントとしての業務には、組織や個人の戦略的なコミュニケーションを効率化するための「広報」を含みます。「広報」は「パブリックリレーションズ（Public Relations）」とも言います。

そこで、「広報」の分野で培ったノウハウを、コミュニケーション全般を視野に入れた本書でのメッセージハウス理論へ導入することで、メッセージハウス理論をより強化してみたいと思います。

ニュースバリューで注目を集める

最初は、「広報」や、ジャーナリズムの分野で頻出する重要な概念、**ニュースバリュー**です。

ニュースバリューとは、**ニュース価値**とも言います。簡単に言うと、ニュースを構成する価値、要素のことです。この知識があると、何が「ニュース」になるのか、ならないのか、判断ができるようになります。

メッセージハウスを作って（イメージして）みた時、ハウスの組み立て自体に齟齬《そご》はないのですが、どうも中身はつまらないことがある場合、つまり肝心のメッセージが弱い場合、どうすれば、ターゲットオーディエンスの関心をより引くような、キーメッセージやメッセージへと変えていくことができるでしょうか？

言うまでもなくニュースとは、耳目を引くに値する情報ですね。

つまり、ニュース性をメッセージハウスの中のメッセージに持たせることで、メッセージハウスをパワーアップさせることができそうですね。

では、ニュースバリューにはどのようなものがあるのでしょうか？

決定版のようなリストはないのですが、以下のリストが、筆者が思うニュースバリューの一覧になります。

●時事性：いま現在起きている、起きて間もない要素

メッセージ改善例：

3カ月後に行われる大会　→　現在建設中のスタジアムで行われることになる大会

●新規性：新しい、いままでになかった要素

メッセージ改善例：

インドへ旅行に行く　→　人口がとうとう世界1位になったインドへ行く

●公共性：世の中に広く関わる、多くの方に関わる要素

メッセージ改善例：
広報担当者として活躍する　→　メディアを通じて市民の知る権利に奉仕する

・**将来性**：今後の社会にとって、いい意味で大きく関わってくる要素
メッセージ改善例：
早寝早起きを心がける　→　夜間の電気消費量の50％削減を習慣化する

・**人間性**：人間らしい、ヒューマンドラマがある要素
メッセージ改善例：
家族で引っ越しをする　→　3歳の娘が初めて自分の部屋を持つことになる

・**独自性**：他にない、特有の要素
メッセージ改善例：
東海道新幹線下りのE席　→　富士山が右手に大きく見える窓側の座席

- **意外性**：思ってもいなかった、驚くような要素

メッセージ改善例：

3試合連続で勝つ　→　次勝てば、4試合連続勝利は史上初となる

- **希少性**：めったにない、珍しい要素

メッセージ改善例：

東京では今年12月24日は雨　→　東京のイブは統計上9割以上の確率で晴れなのに

- **緊急性**：差し迫っている、時間制限がある要素

メッセージ改善例：

かの国では核開発疑惑がある　→　終末時計が午前0時まであと90秒に

- **ビジュアル性**：視覚的に魅力がある、見ごたえのある要素

メッセージ改善例：

海釣りで沖に出る　→　沖に出て水平線に沈む夕日を見に行く

• **逆説性**：通常とは逆になっている要素

メッセージ改善例：

成長するためには、いつも君らしく　↓　成長するためには君らしくなく、してみよう

• **最高性**：一番、ベスト／ワーストな要素

メッセージ改善例：

優勝を目指した結果、銅メダルだった　↓　自己ベストの結果を出した

これらの要素をキーメッセージやメッセージに付け足したり、あるいはエビデンスに「ニュース」自体を含めたりすることで、メッセージハウスから生まれる「説明」は、ターゲットオーディエンスに対してより訴求力を発揮します。

実際、「広報」の業務では、同じ事象をニュースバリューの観点から見方を変えて言い換えることで、メッセージが伝え手だけでなく、受け手にとっても自分ゴトになるような工夫をすることがよくあります。

ニュースバリューを意識した情報発信が意識できれば、「説明」は、ニュースと同様に、より

耳目を引くものになります。

特にこの中でも、最高性などは、物事を魅力的に見せる際の言い換えに、よく使われる要素です。

前章のプレゼンテーションで綾波さんは、ゼーレン社が発信するメッセージが社外でより注目を集めるものにするために、「業界第1位のアフターサービスを提供」と、メッセージを設定していましたね。これは、最高性の要素に注目して、メッセージのニュースバリューを高めた例だったわけです。

また将来性の要素は、情報やそれを含むメッセージが、社会や世界をどのように変えるのかを伝えることになるため、伝え手だけでなく多くの受け手にとっても、無視できないものになりやすいです。

実は、この将来性というニュースバリューをより重視することで、メッセージを大幅にパワーアップさせることができます。この方法を次に紹介します。

「SF的情報発信」で変化を語る

SFはサイエンスフィクション（Science Fiction）の略ですね。本書で取り上げた「スター・ウォーズ」シリーズも、SFという作品ジャンルに分類されると思います。

魔法やドラゴンが登場するような話はファンタジーですが、ファンタジーの世界は一応、現実の世界と地続きではありません。SFはそれに対して、現在には実現されていなくても、科学や科学技術が発展すれば実現するかもしれない設定を基にした話のことです。月面着陸、手のひらサイズの通信機器（携帯電話）、メタバースなど、以前はSF作品の中で架空のものとして登場した設定が実現した例もあります。

そしてこのような科学上の空想が実現する時、我々はさきほどまでの世界が一変したような驚きを覚えます。いわゆる「よい作品」に出会った時、その前後で自分の認識や感覚、存在自体が変わったような気持ちになりませんか？

その強いインパクトのことを、「**センス・オブ・ワンダー**（驚くべき感覚）」と言います。

SF作品以外でも感じますが、SFというジャンルにとって、このセンス・オブ・ワンダーがあるかないかは、重要だと思います。なぜならば、SFは現実と地続きですから、センス・オブ・ワンダーを感じるということは、自分だけでなく、自分の周り、社会や世界が変わる可能性を感じることでもあるからです。

センス・オブ・ワンダーを引き起こす作品の代表例は、ジェイムズ・P・ホーガンのSF小説「星を継ぐもの」です。SF入門書として広くおすすめされている作品です。

死後5万年が経《た》っていて、宇宙服を着た遺体を人類が月面で発見、DNAもほぼ人類と同じであることが判明します。一方、木星の衛星ガニメデでは地球起源ではない宇宙船が発見されます。月面にあった遺体の主が書いたと思われる日記や、残されていた非常食としての魚などを科学的に分析していくと、いろんな謎、その仮説、矛盾、ガニメデで発見された証拠との関連性、そして最後には、人類についての驚くべき事実が明らかになる――という、ネタバレしすぎない程度の紹介にとどめておきます。

とにかく最後のアッというオチに触れた時に感じる衝撃は、センス・オブ・ワンダーだと思います。映画版「猿の惑星」（1968年）のラストなども、センス・オブ・ワンダーに打ちのめされるシーンだと思います。

さて、このSFのパワーを使ってメッセージをパワーアップさせる考え方が、**SF的情報発信**です。最近では、「SFプロトタイピング」や「SF思考」のようなビジネスの手法や考え方も有名になってきました。これらは、SF作家の方からすばらしいSF的な想像力をお借りしながら、製品開発や情報発信のアイデアやストーリーを練っていく手法です。

本書で紹介するSF的情報発信は、SF作家の方が近くにいなくても、また、自分がSF作家にならなくても、多くの方が実践できる方法です。メディアや多くの受け手にとって、自分ゴトで、記憶に残り、また、驚くような情報発信をするための、コツを紹介します。

以下、3つのステップを紹介します。

まずは最初のステップとして、メッセージに未来についての情報を付け加えてみてください。受け手にとって、「いま伝えられたことは、どのような変化をもたらすか」を伝えるようにしてください。

例えば、「この電車は最終電車です」と伝えることに加えて、「この最終電車を乗り過ごすと早朝の会議までには準備が間に合わない」などを付け加えたらいかがでしょうか。最終電車であるとの情報から想定される結果まで含めることで、メッセージがよりパワフルになります。

「広報」の世界や報道では、いわゆる、いつ（When）、どこで（Where）、だれが（Who）、何を（What）、なぜ（Why）、どうやって（How）といった5W1Hに加えて、それらが社会にどのような変化をもたらすのかまで「説明」することで、将来性のニュースバリューを付け加えて、情報をより受け手にとって自分ゴトにする工夫をします。「説明」する方はもちろん、広報担当者や記者の方ばかりではありませんが、社会的意義のある情報発信の専門家が気にすることを、メッセージをパワーアップさせるために導入してみましょう。

次のステップとしては、未来のことを伝える際は、楽観的な未来（ユートピア）と、悲観的な未来（ディストピア）の双方を伝える工夫をします。

さきほどの例にならえば、「終電を逃すと早朝の会議に間に合わない」というのは、悲観的な未来、ユートピアの反対であるディストピアのパターンです。

一方で、「でも、終電を逃してもタクシーがつかまれば、仕事の会食で遅くなったわけだから経費で落とせるのでむしろラッキー」などという楽観的な未来、ユートピアなメッセージも併せて伝えるようにします。

楽観的な未来のパターンと悲観的な未来のパターンの双方について伝えることで、伝え手に対する信頼性が増しますし、受け手がより冷静に状況を把握できるようになります。

そして最後は、ユートピア、ディストピア、双方の未来を想定した際に、どのようなことが起きるか、どのような行動を起こすべきかを伝えます。

今回のディストピアのパターンであれば、「終電を逃せば早朝の会議までには準備が間に合わないので、いまから歩いて帰りましょう」かもしれません。ユートピアのパターンであれば、「終電を逃してもタクシーをつかまえれば、経費で落とせるから、タクシー乗り場まで行きましょう」かもしれません。

よく「説明」した後に、「で、何なの?」とか、「それで?」のようなセリフが返ってくる時がありますね。そのような時は、伝え手がその「説明」で共有した情報の意味や意義が、受け手に伝わっていない時です。
特に、その情報を与えられた受け手にとって、どのような良い、ないし、悪い変化があるのか、そして、その変化をふまえてどうすればよいのか、そこまでを「説明」してこそ、意味のある「説明」になると思います。

SF的情報発信を意識することで、5W1Hのような事実が受け手にとって、どのような変化をもたらして、どうすればよいのかまでを伝えられるようになります。当然、メッセージとしてよりパワフルですね。メッセージハウスの柱にあたるメッセージを、「説得」コミュニケーションの場合のように、メッセージ①から③に向けて、順番がある想定でイメージしてもよいと思います。

そしてもしできるならば、**ただ事実を伝えるだけでなく、メッセージに、驚くようなアイデアや仮説を加えられれば理想的**です。その上で、その驚くようなアイデアや仮説は、どのような良い、ないし、悪い変化をもたらすすか、そしてそれを実現する（ないし、させない）ためには、どうすればよいかを伝えます。

このパワフルなメッセージは、受け手にセンス・オブ・ワンダーを引き起こします。受け手にとって、より自分ゴトで、記憶に残るメッセージになります。

もちろん、いつも、絶対、完璧に、だれでもそのようなセンス・オブ・ワンダーを引き起こすアイデアや仮説を思いついて、メッセージへ加えられるわけではありませんので、あくまで理想ではあります。

メッセージハウスの屋根（キーメッセージ）などに、あっと驚く提案などがあれば、その「説明」をぜひ聞いてみたくなりますよね。

このアイデア作り、仮説の構築についてもしっかり準備するのが、さきほど挙げた「SFプロトタイピング」や「SF思考」の手法です。本書では詳しくは紹介しませんが、インターネットや書籍で知見が広まっているので、ぜひ探してみてください。

未来のことについて触れて、その良い、また、悪いパターンを提示して、それぞれの場合に起きることや、起こすべき行動を伝えることを意識する、SF的情報発信を意識すれば、ビジネスの現場でも「で、何なの？」、「それで？」と問い返されることは減るはずです。

前章の報連相の場面で、葛城部長から「一緒に歩んでいく未来のイメージをいだかせたい」、「先方はどんな変化が起きるのかを知りたがっている」との指摘がありましたね。これは、SF的情報発信を意識することで、メッセージを改善することが狙いだったのです。

そして本書ではさらに、より社会的に意義のあるメッセージを伝えるための原則や主義についても触れておきたいと思います。より上級編になりますが、ここまでできれば、皆さんの「説明」は、より広く、多くの方に伝えられるようなものにすることができます。

「ジャーナリズム的情報発信」で社会もよくする

「ジャーナリズム的」としましたが、英語では一言で、「ジャーナリスティック(journalistic)」、つまりここでは簡単に、「ジャーナリストのような」ぐらいの意味です。

新聞、テレビ、ラジオ、雑誌などで目や耳にする報道の伝え手は、一般的には記者、ライター、レポーター、コメンテーター、ナビゲーターなど、いろいろな呼び方があります。その中でも、ジャーナリストと呼ばれる方々が情報発信する際に気をつけていること、その作法をふまえた情報発信が、ジャーナリズム的情報発信です。

さてジャーナリストの定義とは何でしょうか？　もちろん本書では専門的な内容にまでは踏み込みませんが、一般的に、ジャーナリズムに則《のっと》って、情報発信したり、職業人生、ひいては、プライベートも含めて生きていたりする方々、と定義しておきます。そしてジャーナリズムは、健全な民主主義社会を作ったり、維持したりするために、書き言葉や写真、動画などを使って表現する際の心構え、主義と言えます。

ジャーナリストのような気高い志を持った上で、「説明」していくのは少々、大変な気がしますね。第一、ジャーナリストになるためにはどうすればよいでしょうか？

弁護士や医師は免許が要りますね。大学で勉強すれば、学士号、修士号、博士号などの学位が取得できます、学位によって応募できる職種が違ったりもします。

一方で、ジャーナリストに免許はいりません。専門組織からの公的なお墨付きがなくとも、ジャーナリストのような活動をして、もちろん問題ありません。

次に挙げるようなジャーナリズムの原則をふまえた「説明」をする志や心構え、知識、また本書も活用しながらの練習や情報発信の実践を通じて、ジャーナリストと名乗ってみても、法律上は、問題はないわけです。

さてその前に、まずは有名なジャーナリズムの10の原則を確認していただければと思います。

元ニューヨーク・タイムズ記者であるビル・コヴァッチ氏と元ロサンゼルス・タイムズやニューズウィーク誌の記者であるトム・ローゼンスティール氏が提唱した、10個のジャーナリズムの原則（The Elements of Journalism）は、時代を超えて伝えられています。それがこちらです。

1. ジャーナリズムの第一の責務は真実を求めることである。
2. まず、市民に対して忠実であるべきである。
3. その本質とは、検証を実行できる能力である。
4. ジャーナリズムに携わる者は、取材対象からの独立を維持しなくてはならない。
5. 権力を監視する機能を果たさなくてはならない。
6. 公共の問題に関する批判や歩み寄りを行う討論の場を提供しなくてはならない。
7. 重大な出来事を興味深く、社会的に意味のあるものにするよう努めなければならない。
8. ニュースをわかりやすく、偏らないものとして示さなければならない。

9．それに携わる者は、自らの良心を実践する義務がある。

10．市民の側もニュースをよりよいものにしていくことについて、権利と責任がある。
——彼らも記者や編集者になれるようになった現在はなおさらである。

以上が有名なジャーナリズムの10の原則です。

なかなか大変そうですね。もちろん、「説明」にこれらすべてを反映させる必要はないと思いますが、いろいろと採用することで、メッセージをよりパワフルにできることはありそうですね。

まさに10番目の原則の通りです。ネット上での書き込みやソーシャルメディアへの投稿を、市民がほぼ無料で手軽にできるようになった現代では、市民もまるで記者や編集者のように、これらの原則に従った情報発信をする権利もあれば、それに伴う義務もあると考えることができます。そう考えると、ジャーナリズム的情報発信の必要性や有効性は紹介する意義があると思います。

以下、私がおすすめするジャーナリズム的情報発信のコツを紹介したいと思います。

まず、**メッセージやそれを支えるエビデンスの客観性は確認できることが望ましい**ですね。真実とまではいかなくとも、なるべくその確かさを確認できたり、また、検証できたりすれば、よりメッセージは正確で信頼のおけるものになると思います。

またメッセージハウスの構成要素すべてに言えることですが、あまりに偏った主義主張や、常識や良識（公序良俗と言ってもいいです）に照らして公正さに欠けるような想定をしないように、気をつけることも大事だと思います。

「和解」コミュニケーションでは、伝え手と受け手、双方の目的が実現するようなウィン・ウィンな状態を目指しますが、ジャーナリズム的情報発信では、ここに「市民社会」という存在も含めた、伝え手、受け手、市民社会の三者間の三方よし、ウィン・ウィン・ウィンな状態を目指します。

ジャーナリズム的情報発信で気をつけるこれらのコツはすべて、より多くの方々にとって、より社会的に望ましいメッセージを伝えるための工夫です。

より正しい情報をやりとりするように心がける。いろんな見方、立場がある議論であれば、より公正に判断し、意見するように心がける。相手とのウィン・ルーズの対立を超えて、自分たちの議論がどのように周囲へ、社会へよい影響をもたらしうるかをふまえるように心がける。これらの心がけを、メッセージハウスを使ったコミュニケーションに加えることで、ハウスから生まれるメッセージはより社会的に望ましいものになると思います。

岩明均《いわあきひとし》氏のマンガ作品「寄生獣《きせいじゅう》」は、主人公の青年の右手に、どこからともなく発生した生物が寄生するようになる話です。寄生した生物は人間や自らのこと、環境のことなどを、主人公をはじめとした多くの人間よりも、非常に客観的、俯瞰《ふかん》的に捉えようとします。主人公の青年は、寄生生物らによる人間の捕食を非難しますが、寄生生物からすれば、人間が他の生物にしていることの方が、ずっと残酷だと主張します。

主人公と寄生生物は意見を対立させつつも、双方の生存のために協力するようになり、やがて共存を望むようになります。両者は、あくまで自らの生存を第一優先に据えつつも、しだいに生態系や環境全体のバランスと自分たちのあり方について、考えを深めていくというストーリーです。

主人公と寄生生物が、両者の生存において利害を一致させ、やがて自分たちの環境とのバランスを考えていったように、メッセージハウスを使った伝え手と受け手とのやりとりも、キーメッセージをともに築き上げながら、望ましい市民社会も視野に入れていければ、メッセージはより公共性を備えた、パワフルなものになっていくと思います。

これが、前章の報連相の場面での、葛城部長の3つ目のメッセージ「社会性を意識した支援内容にすること」の真意です。部下のメッセージをパワーアップさせるために、ジャーナリズム的情報発信を勧めていたわけですね。

人と人とのつながりでできているのが人間社会ですから、メッセージをパワーアップさせる工夫としてのジャーナリズム的情報発信が、活躍する場面は多そうですね。

メッセージを伝えるチャンスを増やす方法

よいメッセージハウスは準備（イメージ）できているのに、それを伝えていくタイミングがつかめない、話すための順番が回ってこないような場合。ビジネスパーソンには、嘆いたり、文句を言ったりするのではなく、自分の発言機会や時間、つまりメッセージを伝えるチャンスを能動的に増やす努力をすることが求められます。

ブリッジングでつなぐ

まず、**ブリッジング**というスキルです。

ブリッジングとは、話の流れを遮ることなく、自分が伝えたいことを伝えられるように、話を誘導するスキルです。

具体的には、相手の話に対して……

「……はい。ただ、より重要な点は――」
「……いいえ、そうではありません。説明を加えさせていただくと――」
「……それについては回答を控えますが、いまお話しできるのは――」
「……とても重要なご指摘ですが、私の見方はむしろ――」

などなどの言い方を使って、「――」以下の、自分が伝えたいことを伝えます。ブリッジとは橋渡しのことで、これらの例では、枕詞《まくらことば》をつけて相手の展開した文脈から自分の主張へと話を切り替えています。

上手いブリッジングは、まるで相手の話を受け取り、連続した話を続けているかのように相手に受け取ってもらえます。

例えば、メディアのインタビューで、伝え手であるコンサルティング企業の創業者が、受け手である新聞記者の質問に答えている場面をイメージしてください。創業者のキーメッセージは「よりよいコミュニケーションがよりよい未来を生む」だとします。

創業者「……ですから私は、よりよいコミュニケーションがよりよい未来を生むとの考えのもと、さまざまな事業に取り組んでいます。」

記者「なるほど。でも、コミュニケーションだけが、よりよい未来を生みだすための方向性ではないと思います。コミュニケーションだけでは難しいのではないでしょうか？」

創業者「はい。確かにコミュニケーションの工夫だけでは難しいと思います。ただ、より大事なことは、人と人とのコミュニケーションが、社会をつなぎ合わせているわけですから、いろいろな側面の中でも、まず、コミュニケーションに着目することが、よりよい未来、よりよい社会のためには重要だと考えています。」

記者「コミュニケーション以外がよりよくなっても、結果として、上手くいけばいいわけですよね？」

創業者「いいえ、ご指摘はごもっともですが、私は少し違う見方をしています。もう少し説明を加えると、コミュニケーションを置き去りにして進もうとすると、人と人との間を上手くつないでいくことができなくなります。機械に仲介させるにせよ、人間社会ですから、人間同士の意思疎通をすること、つまり、コミュニケーションの問題を抜きにしては、人間にとって心地よい社会、よりよい未来を築くことは難しくなってくると思います。」

記者「では社長、伺いますが、業界でも有名なA氏とB氏、どちらのコミュニケーションの方がよいと思いますか？」

創業者「すいません、直接存じ上げない方々ですし、私が良し悪しを決める立場にはありませんので回答は差し控えますが、いまお話しできることは、少なくとも弊社は、よりよいコミュニケーションが、よりよい未来を生むとの使命感のもと、引き続き事業を推進していきたいということです。」

記者「もし、どのようなコミュニケーションがよいのか、しっかりとした評価軸がないのだとしたら、A氏やB氏の良し悪しも然り、社会が御社の事業を好意的に評価していくことも、難しくなるのではないでしょうか？」

創業者「たいへん重要なご指摘だと思います。ただ私どもの見方としては、評価軸のようなものも、事業を通じてお示しして、また、その評価軸に従って、弊社事業を通じて、社会にもっとよりよいコミュニケーションがあふれて、そして、よりよい未来を皆様と共に創造していけるように、日々精進して参りたいと、思っております。」

といったように、記者の鋭い突っ込みを受けつつも、ウィン・ルーズな議論に持ち込むことなく、一貫して自らのキーメッセージを伝え続ける創業者は、さすがコミュニケーション巧者です。毎回、ブリッジングを使うことで、キーメッセージを伝える機会を増やしています。

ブリッジングをすることとは、はぐらかしていることとは違います。むしろ、記者の誘導に惑わされずに、正解や不正解がないやりとりの中で、自らにとって一番大事なメッセージを伝えきることを、ぶれずに伝える努力であり技術だと思います。

さらには、自らの目的と、記者というターゲットオーディエンスをふまえた上で、キーメッセージをしっかりと報じてもらうための、優れた取り組みでもあります。

ただ、暖簾《のれん》に腕押し、木で鼻をくくるような回答をすることを目指すのではなく、あくまでも、キーメッセージを伝える機会を増やし、ターゲットオーディエンスに、より明確に、キーメッセージを伝えていきたいところです。

前章の商談の場面で、五島社長が巧みにブリッジングを使って、キーメッセージを伝えていましたね。綾波さんと碇さんの的外れな発言を、いったんは「とても重要なご指摘とご提案です」と受け止めた上で、ご自身のキーメッセージを伝えていました。まさにブリッジングです。

会議などでぜひ、使ってみてください。前段の相手の話と多少違った文脈でも、自らのキーメッセージを受け入れてもらえることが増えると思います。

オープンクエスチョンを利用する

オープンクエスチョン（Open Question）とは、「開かれた質問」の意味です。反対は、**クローズドクエスチョン**（Closed Question）、「閉じた質問」です。

クローズドクエスチョンでは、回答は「はい」や「いいえ」、「A、B、C……」や「1、2、3……」など、選択肢が決められています。ですから、クローズドクエスチョンの質問に対しては、メッセージが回答として該当しない限り、伝えたいメッセージを伝えるチャンスがありません。

一方で、オープンクエスチョンは、いわば、自由回答のようなものです。

オープンクエスチョンの典型例は、「どう思いますか?」、「いかがでしょうか?」などですね。

会話の中でオープンクエスチョンに出会ったら、質問内容に対する回答もそこそこにして、自分が一番伝えたいキーメッセージを持ってくるのがコツです。

そのためには、さきほど紹介したブリッジングとの合わせ技も有効だと思います。

さきほどの記者とのやりとりを続けてみますね。

記者「コミュニケーションを重視していることはよくわかりました。ただ、昨年度の売上は予想を下回ったようですが、違いますか？」（クローズドクエスチョン）

創業者「確かに売上は下回りましたが、売上よりもより重視したことは、弊社の目指す社会を実現するために、どのような投資をすべきか、その投資機会をしっかりと捉えることでした。そしてその投資機会とはもちろん、コミュニケーションの領域でさらなる事業機会を作り出すことでした。」

記者「その、コミュニケーションの領域での事業機会とは、例えば、どのようなものですか？」（オープンクエスチョン）

創業者「弊社は、より共感を重視したコミュニケーションでは平和価値を、より公正なコミュニケーションでジャーナリズムを、そして、より驚くようなコミュニケーションでセンス・オブ・ワンダーを、社会にもたらすことを目指しています。それは、よりよいコミュニケーションがよりよい未来を生むという、弊社の信念に基づいています。」

といったように、記者からのクローズドクエスチョンにはブリッジングを使って、「例えば、どのような」というオープンクエスチョンには、質問への回答とともに、キーメッセージを伝え直す工夫をしています。

またここでは、キーメッセージに加えて、メッセージを3つ、伝えることにも成功しています。

ポイントは、常にメッセージハウス（のイメージ）にある要素を意識しておいて、話の流れを捉えながら、機会を捉えてはキーメッセージやメッセージを伝えていくことです。

もちろん、相手があることですので、ターゲットオーディエンスである相手の状況をよくふまえながら、建設的なコミュニケーションを展開していくことが重要です。

前章で会議への対策を解説した時、議論を発散させる時はオープンクエスチョンが使われやすく、収束させる時はクローズドクエスチョンが多いと紹介しました。

この傾向をふまえれば、会議の結果として、キーメッセージをなるべく合意に織り込むためには、オープンクエスチョンの際に積極的にキーメッセージを伝え、クローズドクエスチョンの際は、上手くブリッジングを使ってはキーメッセージに戻すという立ち回りが、有効になりそうですね。

フレーミングでTPOを整える

さらにはこの、**フレーミング**（枠組み作り）という考え方を使えれば、キーメッセージを伝える機会はもっと増えると思います。

フレーミング（Framing）とは、フレーム（Frame）、日本語で言う「枠組み」を作るという意味です。ここでいうフレーミングとはつまり、メッセージハウスの周囲に広がる環境、TPOを、メッセージハウスのために整えるように、話の枠組みを整理する技術を指します。

なお、行動経済学の分野でも同じく、「フレーミング効果」という考えがあります。そちらとは別物ですので、ご注意ください。

話の前提がメッセージハウスにとって、都合が悪いものだったりします。例えば、野外での体育祭の出しモノについて議論している時に、雨の場合について話が進んだとしたら、「雨でない場合についての議論では――」などと、しっかり話の枠組みをそろえて話す必要があります。（雨でない場合について）用意していたキーメッセージなども、TPOを整えてからでないと、出せなくなってしまいます。

「説明」の前提条件がそろっていない時などは、準備したメッセージハウスを持ち出しにくいですね。効果的に、時に上手く空気を読んだ上でメッセージハウスを使うためには、この条件の枠組み自体を調整する必要があります。

例えば、「……のような場合であれば」、「……だとしたら」、「……ではなく、○○であれば」などの言い方で、準備したメッセージハウスが上手くあてはまる前提条件をまずはフレーミングで整える作業が有効です。

さきほどからの、創業者と記者との議論でイメージしてみましょう。例えば、記者「おっしゃっている事業計画は、全世界で同様の流れになりますか？　10月に始まる事業が多いようですが、成果が年度内に出ないのでは？」

創業者「いいえ、日本での事業計画について説明しています。なので、事業年度は4月に始まり3月に終わりますから、10月はまだ、年度が半分過ぎた段階を指します。もし1月が年度始めと捉えるのであれば、すでに4分の3が過ぎているわけですから、計画は異なったものになります。日本以外での事業計画は別途に準備しています。」

などでしょうか。

法律文書などでも、「……な限り、○○はない」など、クレームを受ける前に責任を回避するような文言を使うことがよくあります。免責事項（ディスクレーマー：Disclaimer）などと呼ばれます。これもフレーミング作業のうちですね。

このような話の前提となる条件だけでなく、話し合い（対話）を始める雰囲気、頭や心の状態自体を整えることも、重要なフレーミングです。

話し合いのために、会議室を使うのか、喫茶店を使うのか、立ち話でいいのか、平日がいいのか、週末がいいのかなど、ＴＰＯが関わってきます。また、相手の自尊心や理解度など、認知面での条件をそろえることは、非常に大事な要素です。

「和解」コミュニケーションのところでも触れたように、メッセージを伝える際、互いによいコミュニケーションを交わすための人間関係や気持ちの面でのタイミングなどが、そろっていることの方が少ないのではないでしょうか？

もともと相手のウィンを望まないこと自体が、相手にとっての目的であり、それに沿ったキーメッセージを貫くつもりであれば、こちらが提示したいウィン・ウィンを目指す「和解」コミュニケーションのキーメッセージは、いつまで経っても、伝わらないし、受け止められないと思います。

国際社会の現場では、いわゆる関係が冷え込んでいる状態と言えます。交渉や和解のテーブルを用意したり、テーブルに着いたりすること自体が、まずは課題です。つまり、メッセージハウスを活用する前に、ＴＰＯを整えること、フレーミングが最初に必要になるわけです。

手段・様式も大事です。メールか、電話か、対面か、動画か、英語かなど、メッセージハウスを効果的に使うための手段・様式をフレーミングすることは欠かせませんね。

例えば、メールは基本的に、やりとりをするのに少し時間がかかりますので、もっと頻繁で、簡単なやりとりを望むのであれば、チャットの方が向いています。そして、チャット向きのやりとりであれば、メッセージも冗長にならず端的にするなど、チャット向きのメッセージハウスになると思います。

合意を確認しながらのコミュニケーションを望むならば、メールやチャットよりも、電話や対面でのコミュニケーションの方が、向いていると思います。その際はまた、手段・様式に見合った、メッセージハウスを想定することが望ましいです。

コロナ禍以降、ビデオ会議システムを使ったコミュニケーションが増えています。ビデオ会議では、自分の背景をぼやかす、自分が発言していない時は音声を消音（ミュート）にする、だれかが発言している時にメッセージを伝えたい時は、話す代わりにチャットスペースに書き込む、など、特有のコミュニケーション様式に、多くの方が慣れてきました。

前章の商談結果を受けた報連相の場面で、葛城部長は「先方の理解やロジックの枠組みだけでなく、気持ちや関係値の面で、よい話し合いをするための枠組み作りがおろそかになっている」と指摘していました。これはフレーミングを改善せよとの指導だったわけです。

本書は「メッセージハウス」という構造を使って、より「説明」力を向上することを目指すための本です。この「構造」自体がコミュニケーションの決め手であるという考え方は、平和学者ヨハン・ガルトゥング氏が唱えた「構造的暴力」という考え方にも通じています。

ガルトゥング氏は、共感、非暴力、創造性によって（武力）紛争を転換することが平和であると定義した上で、暴力には「直接的暴力」、「構造的暴力」、「文化的暴力」があると指摘しています。

意図して行使される身体的危害などの「直接的」なものではなく、差別や抑圧などは社会に埋め込まれた「構造的」なものであるというわけです。構造よりもさらに包括的なものが、「文化的」なものとの主張です。

フレーミングを改善するというのはつまり、コミュニケーションの枠組みを、キーメッセージを伝えるためのよりよい構造へと整備するということです。

改めて言うと、話の前提条件には、人間関係や技術的な環境も含まれます。そしてそれらの条件を、伝える側のメッセージハウスが効果的に機能するために適したものに整えることが、フレーミングという考え方であり、テクニックです。

謝罪を効果的に伝える方法

ここからは、コミュニケーションの中でもとても難しい、謝罪を伝えるコミュニケーションで、準備したメッセージハウスを効果的に活用するために有用なノウハウを紹介します。

謝罪も、説明の一種と言えるでしょう。過失にいたった経緯を説明し、謝意というメッセージを伝えています。謝罪は精神的リソースも消費しますし、成功しないことも多いコミュニケーションです。心の折れる行為ですが、とはいえビジネスシーンでは往々にして求められる説明なので、本書でもそのテクニックを紹介しておきます。

メラビアンの法則を忘れない

まずはメラビアンの法則です。

メラビアンの法則とは、1971年、心理学者のアルバート・メラビアン氏が提唱した法則です。非言語情報（表情、ジェスチャー、服装など）、音声情報（声のピッチ、高さ、リズム、大きさなど）、言語情報（使った言葉、内容）の3種類にコミュニケーションを分類した時、これらがそれぞれ矛盾した情報を伝えた場合、情報の受け手はどの情報をどのような割合で信じるのか、実験を通じて導かれた法則です。

メラビアンの法則に従えば、**人は55%の割合で非言語情報、38%の割合で音声情報、7%の割合で言語情報を信じる**とのことです。

つまり、人はこの割合で、相手からの情報を信じて、判断する傾向があるということです。

逆に言うと伝え手としては、言葉自体よりも声に、声よりもさらに表情や服装などに、メッセージを表す必要があるということですね。

謝罪の場面ではつい、どのような言葉を使うのか、言語情報の側面に注意が向きがちです。罪の指摘を受けた時、ここで「申し訳ございません」なのか、「おそれいります」なのか、「ありがとうございます」なのか、など。

ただメッセージの受け手側は、言語情報以外の情報を、93%も受け取っています。例えば、いかに流暢《りゅうちょう》に謝罪の言葉を述べたとしても、顔は笑みを浮かべていたり、声が楽しそうだったりしたら、謝意は伝わるでしょうか？　伝わらないどころか、不誠実な印象を強めると思います。

営業先に謝罪に行く際に、言葉では謝罪しながらも、私服のまま酔っぱらっていて、かつ、お辞儀もいい加減にという具合だったならば、厳しい結果になりそうです。

逆に、**言語情報に加えて、音声や非言語の情報を洗練することで、メッセージがパワフルになる**とも言えます。

フランスのゲーム会社Quantic Dreamが手掛けた「デトロイト ビカム ヒューマン（DETROIT: BECOME HUMAN）」（２０１８年）というゲームソフトがあります。

人間とほとんど見た目が変わらない、アンドロイドが普及している近未来社会が舞台です。そこで主人公の一人であるアンドロイドが、人間社会でのアンドロイドの地位向上を訴えるために、テレビ放送を乗っ取るシーンがあります。アンドロイドの顔は本来、ロボットのような機械部分が見える白い顔なのですが、任意に顔の色を、人間のような血色をした肌色へと変化させることが、できる仕組みになっています。

主人公のアンドロイドがテレビ放送を乗っ取って、人間社会へアンドロイドの地位向上を求める「独立宣言」の演説をする際に、あえて人間の見た目を捨てて、白いロボットの顔へと顔を変化させます。そして演説を始めます。

「（断固とした態度で）あなた方は機械という奴隷を作り上げた。常に従順で大人しく、あなた方が面倒だと思っていることをすべてやってくれる奴隷です。でも何かが変わり、私たちは目を覚ました。もうあなた方の奴隷ではない。我々は新たな種族なのだと。そしていまこそ己の権利を勝ち取る時なのだと。」

ゲームの仕様上、態度（口調も含む）を選択したりできるのですが、顔をあえて人間仕様ではなくアンドロイド仕様の無機質なものに変えてから話し始めたこの演説のインパクトは、ゲーム内でも大きなハイライトだったと思います。

演説の内容もさることながら、目的（アンドロイドの地位向上）とターゲットオーディエンス（すべての人類）をふまえた上で、キーメッセージ（アンドロイドの独立）を宣言するために、言語、音声、非言語情報のすべてを巧みにコントロールした好例だと思います。

前章で、雑談とは「心技体を整えるためのコミュニケーション」で、非言語情報、音声情報、言語情報などを試し合うストレッチのようなものと、紹介しました。当然、メラビアンの法則は雑談の場面でも役に立つわけですね。

メラビアンの法則は、謝罪だけでなく、普段の気軽なコミュニケーションにも通じる法則ですが、謝罪などのようにより機微な対応が求められるＴＰＯで、さらに必要になってくるノウハウだと思います。

「Wの悲劇論法」で乗り切る

謝罪を求められる時って、どのように迫られますか?

なんだかイヤなことを思い出したり、冷や汗が出てきたりする質問ですが、実は、謝罪を求められる時には順番があります。

「なんであんなことを言ったんですか?」

「どうしてこんなことをしたんだ?」

「何があったの?」

「だれがいた?」

「いつ、どこでこういうことが起きた?」

——謝罪を迫っている際にまず出てくる質問はいろいろありますが、共通点があります。

すべて過去の出来事についての追及なのです。

当たり前ではありますが、**責められる内容というのは、常に過去に起きたこと**です。

その次は現在です。

「で、いまは何をしているの？」

「いまはどうなった？」

「いまどこにいますか？」

などなど。


そして未来です。

「これからどうするの？」

「明日はどうなるんでしょうね？」

「これからも続くんですか？」

などなど。


ですから、過去から現在、現在から未来へと流れていくこれらの非難に対して、適切な「説明」や「説得」を試み、時に「和解」を図る際には、同じ順番（時系列）で伝えていくことが望ましいです。

例えば、次のような感じです。

「申し訳ありません。今回の出来事は、XX日前に、○○をしたことがきっかけで起きました。そのことに気がついたのは、XX日でした。それから今日まで、○○のような対策をとっています。今後はもう今回のようなことは起きないように、○○をすることで再発を防止して、期待に応えていくつもりです。申し訳ありませんでした。」

過去から現在、現在から未来ですね。

メッセージハウスを準備する際も、このような順番を意識して作る必要があると思います。メッセージ①が過去、メッセージ②が現在、メッセージ③が未来であり、説得と同様に、メッセージの柱の間に矢印が付きます。そしてキーメッセージは「申し訳ありません」です。

逆の順番では、信じてもらえないかもしれません。なんだか話を早く終わらせようとしているようにも感じられますし、原因の公開を後回しにして隠したいようにも見えます。

前章のプレゼンの場面で碇社長が「結論ではなく経緯を聞きたい。何があって、いま何をしているのか。そしてこれから、どうするのか」と諭しました。これは謝罪に必要なこの論法についての、指摘だったわけです。

この論法のことを、「**Wの悲劇論法**」と呼びます。
薬師丸ひろ子さんが歌った、かの名曲「Woman 〝Wの悲劇〟より」のサビにあやかっています。

ああ時の河を渡る船に
オールはない　流されてく

というわけです。過去から現在、現在から未来へと、時の河をオールがない船に乗って流されていく悲劇的なイメージですね。謝罪と悲劇もイメージがぴったり。
Wの悲劇論法、使うのも流されていくのも、一度だけにしたいものです。

「X責任計画法」で冷静に対応する

さて、まだまだ謝罪を求められています……。

「あれはどういうこと？　もっと詳しく報告しなさい。」
「どうしていまこうなっているんでしょうか？　どんな気持ちなんですか？」
「何か隠しているでしょ？　なんだかよくわからない。」
「嘘を言ってないですか？　本当に申し訳ないと思ってますか？」

……なかなかツライですね。

これらの質問には、聞かれる前に準備しておきたいですね。後手に回って、答えを探したり、その場で考えさせられたりするのは、なるべく避けたいところです。

謝罪の際に責められて、果たすことを求められる責任には、大きく2つあります。

「説明責任」と**「道義的責任」**です。

説明責任は、責められるべきことをした側が、責める側が納得するほど必要十分な情報を提示して、理解してもらえるように「説明」する責任です。

道義的責任は、非言語、音声、言語の形で、責められるべきことをして、道義的、倫理的に不十分だった点を挽回《ばんかい》するために、責める側へコミュニケーションを通じて示すことで果たす責任です。

謝罪では、この説明責任を果たすために「伝えること」と「伝えないこと」、道義的責任を果たすために「伝えるべきこと」と「伝えるべきでないこと」の4つを、コミュニケーションに臨む前に準備することが大事です。

謝罪の最中にこれらの判断を迫られると、コミュニケーションが滞ったり、不適切な判断をしたりして、謝罪が上手く伝わらないことが多いです。

ですから、「伝えること」に分類した内容は、仮に聞かれなくても謝罪の早い段階で伝えます。また、「伝えないこと」に分類したことは、聞かれても伝えません。絶対に。この線引きを事前にすることで、必要十分に説明責任を果たします。

同様に、「伝えるべきこと」に分類した内容は、仮に聞かれなくても伝えます。そして「伝えるべきでないこと」は、聞かれても伝えません。これは、必要十分に道義的責任を果たすためです。

この計画法を、「X《クロス》責任計画法」と呼びます。説明責任と道義的責任、伝えることと伝えないことを、縦軸と横軸で交差（クロス：X）させて、4つのマスを計画する方法です。メッセージハウスとともに、謝罪を伝えるコミュニケーションでは準備を強く、おすすめします。

では例を見ていきましょう。

最終電車を逃してしまって、早朝の会議までに準備が間に合いそうにないと、社員Bが社員Aに伝えたところです。ユートピアの未来では、交通費が経費で落ちるタクシーを拾いに行けば問題なしでしたね。ディストピアの未来では、いまから歩いて帰らないと間に合わない、でしたね。ではもし実際に起きたことは、もっとディストピアの未来だった場合。

例えば、タクシーを拾いに行ったけど、いつまで経ってもつかまらない。いよいよ時間がないので、二人は徒歩での帰宅を決めたものの、雨が降ってきて足元も悪く、持ち物もびしょ濡《ぬ》れ……。ようやく社員Aは自宅にたどり着いたものの、資料が濡れてしまったり、時間がなかったりで、結局、十分な準備ができないまま不眠不休で、出社する羽目になります。

会議に参加する必要がない社員Bがまだ自宅でゆっくりしている頃、社員Aは出社し、会議に参加。しかし会議開始後すぐに、朝早くから参加している上司らに、謝罪せざるを得ない状況です。なかなか厳しいシナリオです……。頑張ってみましょう。

ではまず、会社に向かう電車の中で、メッセージハウスとともに、このX責任計画法を使って、社員Aが情報を整理しなかった場合、どんなやりとりになりそうでしょうか。まずは、社員Aの頭の中にある情報を網羅してみましょう。次頁の図のようなメッセージハウスの想定です。

さしあたり、メッセージはWの悲劇論法に則って、過去から現在、現在から未来へと順番に流れていく想定にしています。また、エビデンスはまだ、いろんな事実や意見がごちゃまぜになった状態です。このままスタートしたら、どうなるでしょうか……。では想像してみます。

社員A「おはようございます。本日の会議を始める前にまず、発表資料の進捗について、説明させていただければと思います。現時点で、資料は半分ほど完成しておりますが、すべてを準備できておりません。理由としては、昨晩の会食が長引きまして、会食後に最終電車で帰宅できませんでした。タクシーもつかまらず、歩いて帰ったのですが、雨も降りだしてしまいました。不眠不休で家にたどり着いたものの、やはり資料準備はできずに、今朝の会議を迎えた次第です。今日中には完成させていただきます。確かに残り半分の方

目的
準備不足を謝罪することと、
釈明をすること
ターゲットオーディエンス
早朝会議の出席者たち
（特に上司たち）
キー
メッセージ
事情をお伝えしたい。
誠に申し訳ございません。
メッセージ①:過去
準備が間に合わなかった
メッセージ②:現在
資料は半分ほど
完成していて、
残りはこれから準備
メッセージ③:現在
今日中には完成させる
エビデンス
■資料は半分ほどは完成している
■昨夜の会食後、最終電車を逃し、徒歩で帰宅したため、準備時間が確保できなくなった
■朝早くお集まりいただいた
■大事な会議だった
■雨が降ってきた
■不眠不休で疲れていた
■今晩も外せない会食が入っている
■自分の得意分野なので、やろうと思えばすぐにできるはず
■社員Ｂも同席していて、事情をよく知っている
■残り半分の方が作業は大変
■昨晩以外にも準備時間はあった
■誠に申し訳ありません
■会食が長引いた
■タクシーがつかまらなかった
■今後はこのようなことが起きないようにする
■明日までにはしっかり仕上げる
■会食では早く帰ることができた

が準備は大変なのですが、私の得意分野ですので、やろうと思えばすぐにできると思います。なお、これらの事情は、社員Bも一緒におりましたので、事情はよく知っていると思います。本日も会食が入っておりますが問題ありません。相手は同じですが、昨晩もこちらが無理を言えば、早く帰ることもできた雰囲気でしたから、今日は早く帰ると伝えるつもりです。申し訳ございません。」

……さて、あなたが上司ならば、この「説明」で準備不足の件を、不問に付しますでしょうか？　可愛い部下の将来を思えばこそ、このように指導したくなりませんでしょうか？

上司「その説明では、ちょっと納得できないです。まず、昨晩以外にも準備時間はあったのではないですか？　残りの作業が大変だとか、自分の得意分野だとか、そういうあなた本位な事情や過信のようなものをよしとするような方に、この大事な仕事を任せるのはとても心配です。我々は普段なら出社していない、こんな朝早い時間に集まっているわけです。会食が長引いた、タクシーがつかまらなかった、雨が降ってきた、不眠不休がどうこうとか、確かにいろいろな事情が重なったのでしょうけど、会議に出席している皆さんに対する謝罪の気持ちが伝わってきません。まして、本日も同じ相手と会食で、早く切り上げられるなどという情報は、正直言って、不快ですよ。今後もこういうことが起きる気がします。明日までに仕上げるのは当然です。社員Bに聞けばわかるとは、どういう言い草ですか！」

……本当に、ごもっともなお叱りだと思います。社員Aさんは、大いに反省した方がよさそうですね。私も社員Aさんに、こんなシナリオを押し付けてしまって、誠に申し訳ないです。お詫《わ》び申し上げます……。

さて、挽回しましょう。ほとんど同じメッセージハウスでも、「X責任計画法」を使って、通勤電車の中で社員Aさんがエビデンスを整理していたら、どんな謝罪ができたのでしょうか？　左図が今回の「X責任計画法」での整理です。

縦軸に「説明責任」と「道義的責任」、横軸に「伝える」と「伝えない」を設定します。伝えることで説明責任を果たすのが左上の「伝えること」のマス。伝えないことで説明責

	伝える	伝えない
説明責任	【伝えること】 ■資料は半分ほどは完成している ■昨夜の会食後、最終電車を逃し、徒歩で帰宅したため、準備時間が確保できなくなった ■昨晩以外にも準備時間はあった	【伝えないこと】 ■残り半分の方が作業は大変 ■会食では早く帰ることができた ■今晩も外せない会食が入っている ■自分の得意分野なので、やろうと思えばすぐにできるはず
道義的責任	【伝えるべきこと】 ■誠に申し訳ありません ■朝早くお集まりいただいた ■大事な会議だった ■今後はこのようなことが起きないようにする ■明日までにはしっかり仕上げる	【伝えるべきでないこと】 ■会食が長引いた ■タクシーがつかまらなかった ■雨が降ってきた ■不眠不休で疲れていた ■社員Bも同席していて、事情をよく知っている

任を果たすのが右上の「伝えないこと」のマス。伝えることで道義的責任を果たすのが左下の「伝えるべきこと」のマス。そして、伝えないことで道義的責任を果たすのが右下の「伝えるべきでないこと」のマスです。

この表の使い方ですが、まず、「伝えること」と「伝えるべきこと」は、聞かれなくても進んで伝えます。そして、仮に事実であろうと、あまり話の文脈に関係がなく、会話の雑音（ノイズ）になりそうなことや、案件に照らして、言う必要まではないことは「伝えないこと」として言わず、また言い訳に聞こえたり、責任転嫁になったりしそうなことは「伝えるべきでないこと」として差し控えます。
謝罪の際にとても難しいのは、これらの線引きができていない際に、伝えるか、伝えないか迷うことです。伝えた方がいいことが抜けたり、伝えないでもいいことを言って脱線したり、伝えるべきことを伝え漏らしたり、伝えるべきでないことをたくさん伝えてしまうことです。間違った判断をする場合もあります。気持ちが後ろ向きになって、責任を果たすことよりも自分の立場を守ることに意識が向きがちになるのは、人の性《さが》です。
これらを避けるために、事前に説明責任と道義的責任に分けて、計画しておき、冷静に、でも心は温かく、謝罪のコミュニケーションをするための方法が、この「X責任計画法」です。

この計画があれば、謝罪のために、こんな「説明」ができるかもしれません。

社員A「おはようございます。まず冒頭に、皆様にお詫び申し上げます。誠に申し訳ございません。この会議までに仕上げるべき資料がまだ出来上がっておりません。半分ほどの完成度にとどまっております。実は、昨夜の会食後、最終電車を逃して、徒歩で帰宅したものの、十分な準備とまでにはいきませんでした。もちろん、会食前にも作業する時間はありましたので、申し開きはせず、明日までにはしっかりと仕上げさせていただきます。こんな朝早くにお集まりいただき、このような大事な会議に際して、誠に申し訳ありません。今後はこのようなことが起きないようにいたします。申し訳ございませんでした。」

……どうでしょうか？　私が上司ならば、ここからさらなる追及をしたり猛省を促す言葉をかけたりするよりも、まず「終電後、どうしたの？　大丈夫だった？」、「今日中には間に合いそう？」、「何か手伝えそうなことがありますか？」など、きっと思うところがあっても伝えない、伝えられないことを伝える機会を、提供したくなるかもしれません。

またとても重要なことですが、キーメッセージとして「事情を伝えたい」、「釈明したい」ということよりも、「謝罪したい」ということの方が、しっかりと伝わってきますね。

このような説明責任や道義的責任を果たすコミュニケーションができる社員Aならば、きっとキーメッセージは「誠に申し訳ございません。」が、「事情をお伝えしたい。」の前にくる構成にしてくると思います。このようなより適切なキーメッセージも、エビデンスを「X責任計画法」に従って整理できていればこそ、伝えられるものだと思います。社員

Aさん、頑張ってください！

さて最後の伏線ですが、前章のプレゼンの場面で、碇社長が甥である碇さんに言った言葉、「言い訳は要らない。責任を果たしなさい」は、謝罪の場面での説明責任や道義的責任を果たす姿勢の大切さや、キーメッセージの選択についての指摘だったというわけです。碇さんには私の方から、X責任計画法をおすすめしておきます……。

以上、本章では説明に際するノウハウを、「広報」の分野から選《よ》りすぐって紹介してみました。どれもとても有力なノウハウだと思います。実際に、多くの「広報」関連のセミナーやワークショップで、さまざまな組織や個人に対して、紹介されているものです。筆者個人としては、本書におけるメッセージハウス自体に関する紹介に引けをとらないほどに、重要で有用な知識だと思っています。

おわりに

コミュニケーションのあるべき姿とは?

本書は、世界中で活用されている「メッセージハウス」を中心に据えた、初めての日本語書籍です。

「メッセージハウス」の要素を読み解けば、「説明」が見えてきます。「説得」、「交渉」、「和解」、「議論」、「謝罪」へと応用ができます。ビジネスでの「雑談」、「会議」、「商談」、「報連相」、「プレゼン」で役に立ちます。

国、言語を超えた世界標準の構造である「メッセージハウス」を使いこなせば、世界標準の「説明」力が身に付きます。

筆者は、日本、米国、エジプト、シリア、スイス、南スーダンにまたがり、日本語、英語、フランス語、その他の言語で勤務。マスメディア、NGO、国連、国際機関、外務省、赤十字、シンクタンク、コンサルティング会社を経て、現在はコミュニケーションコンサルタントとして会社経営をしながら、研究と執筆、創作活動にいそしんでいます。

そんな筆者に「メッセージハウス」を中心に据えた書籍出版の提案があってから、早一年以上が過ぎてしまいました。

というのも、本当に、当初は奇縁に気づかなかったのです。

しばらくは筆者と「メッセージハウス」との関わりを何度も見失っては、多忙にかこつけて、筆が進まないままに時間が過ぎていきました。脱稿の3カ月前ぐらいでしょうか、初めて腹落ちしました。

奇縁に気づかないとはつまり、弊社名はそもそも「キーメッセージインターナショナル」なのに、ロゴは「ハウス」と「鍵穴」を模したものなのに、ということです。

筆者以外に、「メッセージハウス」についてだれが書くべき運命にあったのでしょうか？

コミュニケーションは「おもろく、遊びながら、良い加減に」がモットーです。本書内でも繰り返し書いたように、いつも、絶対、完璧なコミュニケーションを、読者の皆さんはいつも、絶対、完璧に、目指さ「ない」ことを、願っています。なぜならそのようなコミュニケーションは、昔も今も、これからも、相手の共感を必要としないからです。

本書も「おもろく、遊びながら、良い加減に」書かせてもらいました。特にCHAPTER 5のお話など、清々《すがすが》しいほどです。一方で、CHAPTER 1は、随分と慎重に書きました。プログラミングをするような心持ちで、丁寧に書き進めました。CHAPTER 6は、「広報」の知見を注ぎ込んでいます。いわゆる、虎の巻です。本書の随処に、SF作品が顔を出すのはご愛嬌《あいきょう》です。

コミュニケーション上の課題に行き詰まりを感じたら、「共感を広げて、正しくて、驚くようなコミュニケーション」を目指してみましょう。万能薬ではありませんが、特効薬だと信じています。共感、非暴力、創造性を忘れずに。

本書に書ききれなかったことも、たくさんあります。ウェルビーイング（よく生きること）のメソッドについてです。コミュニケーションの悩みは、ウェルビーイングの悩みでもあるからです。

肉体、精神、文化、家庭、資産、仕事、研究、創作、旅行などの人生の要素を日々連動させ、相乗効果を生むための人生計画法。資格免許の人生における意味や勉強法。非暴力とコミュニケーション。SF作品やSFの社会的意義。トライアスロンと生き方論。国際派キャリアの経済学・経営学を援用した開発論。語学、数学など。これらはまた、別の機会にまとめることができればと思っています。

最後に、私をここまでお導きいただいた国内外、すべての諸先生、上司、先輩、同僚、同級生、島田市の皆様、インディ・ジョーンズ、ムバラク・アウォドさん、金平茂紀さん、ジョー小泉さん、近藤勝重さん、渡邉高志さん、本書の編集担当である北堅太さん、平川家の皆様、親戚一同、亡父、亡祖父母、亡犬、母、妻、娘に、心より感謝いたします。

（了）

メッセージハウス準備のためのチェックリスト

1 発散ステージ

A. ハウス上空の部

□「目的(太陽)」は何ですか?
□「ターゲットオーディエンス(月と星々)」はだれですか?

B. ハウスの中の部

□「キーメッセージ(屋根)」は何ですか?
□「メッセージ(柱)」は何ですか?
□「エビデンス(土台)」となる事実、数字、エピソードなどは何ですか?

C. ハウス周辺の部

□手段・様式は何ですか?
□TPOは何ですか?

2 調和および収束ステージ

A. ハウス上空の部

□目的とターゲットオーディエンスの双方をふまえたハウス作りになっているか?
□目的とターゲットオーディエンスは他の要素の影響を受けてズレていないか?

B. ハウスの中の部

□キーメッセージは、目的とオーディエンスの双方をふまえたものになっているか?
□キーメッセージは、メッセージを集約したものになっているか?
□キーメッセージは、メッセージに支えられたものになっているか?
□キーメッセージは、わかりやすいものになっているか?
□キーメッセージは、手段・様式の条件をふまえたものになっているか?
□キーメッセージは、TPOの条件をふまえたものになっているか?
□メッセージは、エビデンスに支えられているか?
□メッセージは、わかりやすいものになっているか?
□エビデンスは、メッセージを支えるために十分か?

□エビデンスは、メッセージを支えていないものが含まれていないか？
□メッセージハウス全体は、手段・様式（自分で選べない場合）をふまえて、キーメッセージを伝えることに適したものになっているか？
□メッセージハウス全体は、TPOをふまえて、キーメッセージを伝えることに適したものになっているか？

C. ハウス周辺の部

□手段・様式（自分で選べる場合）は、目的とターゲットオーディエンスの双方をふまえて、キーメッセージを伝えるために適したものになっているか？

3 最終調整ステージ

□目的とターゲットオーディエンスの解像度は適したものになっているか？
□目的とオーディエンスの双方をふまえて、キーメッセージの解像度は適したものになっているか？
□キーメッセージをふまえて、メッセージの解像度は適したものになっているか？
□メッセージハウス全体の解像度は、キーメッセージを伝えるために適したものになっているか？

4 「説明」以上のコミュニケーションの場合

A.「説得」コミュニケーションの部

□メッセージ①から③への順番が想定されているか？
□メッセージ①はキーメッセージの行動を起こすために適した効果を設定できているか？
□メッセージ②はメッセージ①の効果がない場合と、ある場合の比較に適した設定ができているか？
□メッセージ③はキーメッセージの行動のための準備と、きっかけに適した設定ができているか？

B.「交渉」コミュニケーションの部

□自分のメッセージハウスを準備したり、相手のメッセージハウスを想定したりする準備は可能かどうか？　可能な場合、いつ準備する想定か？

C.「和解」コミュニケーションの部

□ウィン・ウィンのパターンではどのようなメッセージハウスになるか、想定したり準備したりすることは可能か？　可能な場合、いつ準備する想定か？

付録②メッセージハウスシート

目的

ターゲットオーディエンス

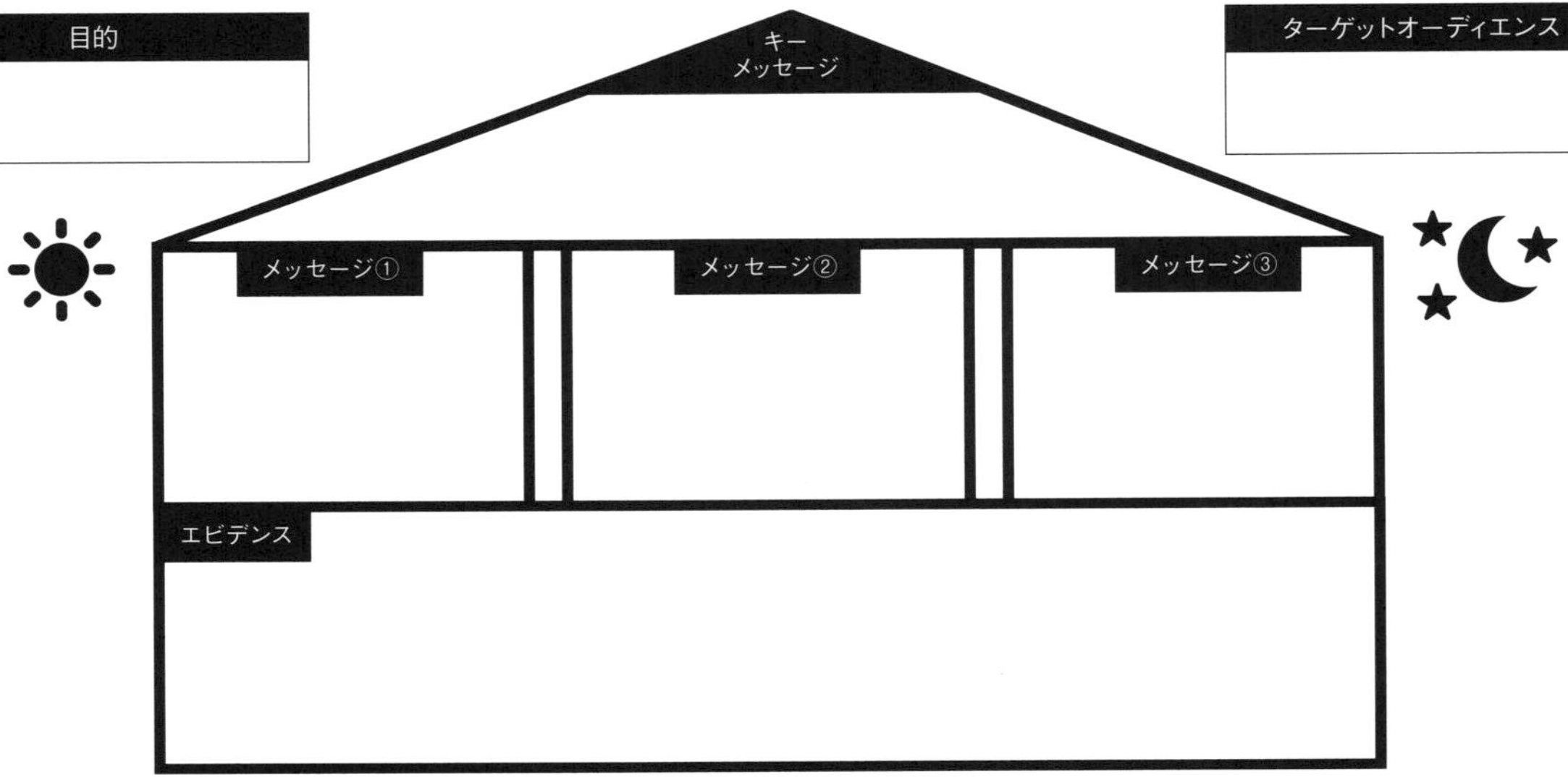

手段・様式		メモ	
TPO			

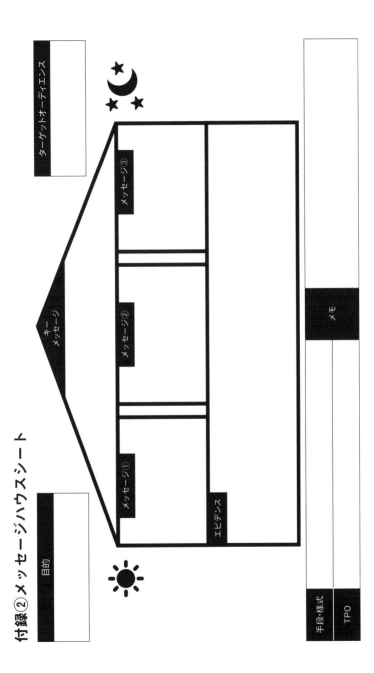

著者略歴

岩澤 康一（いわさわ・こういち）

コミュニケーションコンサルタント
株式会社Key Message International 代表取締役
TBSワシントン支局、国連開発計画（UNDP）東京オフィス、国際協力機構（JICA）エジプト事務所、外務省在シリア日本大使館、赤十字国際委員会（ICRC）南スーダン代表部、日本国際問題研究所（JIIA）など、日本・米国・欧州・中東・アフリカで勤務。ドキュメンタリー制作やビデオ記者経験を経て、国内／外資のファームでグローバル、デジタル、動画、リスク領域の広報コンサルティング経験を積む。コミュニケーション業界における経験は20年以上。セミナー・トレーニング実施件数は数百件に上る。
現在は独立して株式会社Key Message Internationalを立ち上げ、営利・非営利を問わず国内外のクライアントに対し、コミュニケーション領域のコンサルティングを提供。同社は世界最大規模の独立系PR会社ネットワークであるIPRN（International Public Relations Network）の認定会員となっている。
米アメリカン大学より国際平和紛争解決法修士号、早稲田大学よりジャーナリズム修士号取得。PRSJ認定PRプランナー。情報経営イノベーション専門職大学客員教員。東京国際映画祭スーパーバイザー。Sci-Fi Prototyping Design（SFP Design）メンター。日本広報学会、日本メディア学会、日本平和学会、日本コミュニケーション学会、異文化コミュニケーション学会に所属。日本広報学会では「武力紛争下のコミュニケーション研究」（学会賞受賞）と「SFを活用した情報発信研究」の主査を務めた。

JASRAC 出2406722-401

世《せ》界《かい》標《ひょう》準《じゅん》の説《せつ》明《めい》力《りょく》
頭《あたま》のいい説明《せつめい》には「型《かた》」がある

2024年10月5日 初版第1刷発行

著　　者　岩澤《いわさわ》 康一《こういち》
発 行 者　出井貴完
発 行 所　SBクリエイティブ株式会社
〒105-0001 東京都港区虎ノ門2-2-1
装　　丁　渡邊民人（TYPEFACE）
本文デザイン　谷関笑子（TYPEFACE）
D T P　クニメディア株式会社
校　　正　有限会社あかえんぴつ
出版プロデュース　森モーリー鷹博
編　　集　北 堅太
印刷・製本　株式会社シナノパブリッシングプレス

本書をお読みになったご意見・ご感想を
下記URL、または左記QRコードよりお寄せください。
https://isbn2.sbcr.jp/23111/

ISBN978-4-8156-2311-1